爱立方
Love cubic

育儿智慧分享者

现在的我，宁愿慢下来，

和宝贝一起欣赏这个世界的美丽。

在孩子心里种一棵故事树

黄文贞◎著

北京理工大学出版社
BEIJING INSTITUTE OF TECHNOLOGY PRESS

图书在版编目（CIP）数据

在孩子心里种一棵故事树：好妈妈只说故事不说教 / 黄文贞著. — 北京：北京理工大学出版社，2016.8

ISBN 978-7-5682-2212-9

Ⅰ.①在… Ⅱ.①黄… Ⅲ.①家庭教育 Ⅳ.①G78

中国版本图书馆CIP数据核字（2016）第087794号

本书中文简体出版权由凯信企业管理顾问有限公司授权，同意经由北京理工大学出版社于中国大陆地区出版中文简体字版本。非经书面同意，不得以任何形式任意重制、转载。

著作权合同登记号 图字：01-2015-8566

出版发行 / 北京理工大学出版社有限责任公司

社　　址 / 北京市海淀区中关村南大街 5 号

邮　　编 / 100081

电　　话 / (010) 68914775（总编室）

　　　　　　(010) 82562903（教材售后服务热线）

　　　　　　(010) 68948351（其他图书服务热线）

网　　址 / http://www.bitpress.com.cn

经　　销 / 全国各地新华书店

印　　刷 / 三河市金泰源印务有限公司

开　　本 / 700 毫米 × 1000 毫米　　1/16

印　　张 / 15　　　　　　　　　　　　　　　责任编辑 / 刘　娟

字　　数 / 171千字　　　　　　　　　　　　文案编辑 / 刘　娟

版　　次 / 2016 年 8 月第 1 版　2016 年 8 月第 1 次印刷　　责任校对 / 周瑞红

定　　价 / 32.00元　　　　　　　　　　　　责任印制 / 边心超

前　言

故事，说着听着，便会烙在心底

那是好多年前的事情。

怀上老大的时候，我正在日本的一家公司上班。上司知道我有喜，特地买了一套（四本）日文的绘本送给我。没多久，我因为先生工作调动而搬回中国生活。这套童书，竟被我随手塞进皮箱，随我一起漂洋过海，现在正站在天津家中的书架上。我本想用书中的故事教育作为哥哥的儿子，没想到却是作为妹妹的小女儿从中受益较多。

其中一本绘本的书名是《ねないこ だれだ》，翻译为中文是《不睡觉的是谁》。

这本绘本的故事内容如下：

已经九点了，还有谁没睡觉？猫头鹰、贼头贼脑的黑猫、满腹心机的老鼠或者小偷。

不对，不对，夜晚是鬼鬼出没的时间喔！

嘿……嘿……嘿……晚上不睡觉的小孩，要变成鬼……

鬼鬼要带你走……

把你也变成鬼!

　　每次我给四岁的儿子念这个故事时,半岁的女儿都在一旁翻着书。直到某一天——女儿已经两岁——她突然开口问我:"妈妈,现在已经是晚上了吗?""嗯,现在到了睡觉的时间了,妈妈要关灯啰。"躺在床上的女儿突然坐起来,奋力拉着站在床边的儿子:"哥哥,快一点,鬼鬼要来了,再不睡觉就来不及了。"那时,我还没听明白女儿的意思,以为她只是怕黑,所以才会每次一熄灯就立刻闭上眼睛,没多久便会睡着。

　　一年以后的某一天晚上,毫无睡意的女儿边哭边对我说:"妈妈,我不想被鬼鬼抓走。我睡不着,可是我会乖乖地躺在床上,闭上眼睛,可以吗?"我一脸茫然:"哪来的鬼?""有啊!在书里。妈妈念的那一本。"后来听一旁的儿子解释之后,我才明白原来女儿以前从来没有因为"上床睡觉"这件事跟我闹过,全都是这本绘本的功劳。

　　自此以后,我渐渐发现,用绘本中的故事来教育孩子,其实还蛮有用的。孩子很容易把故事中的角色与自己联想在一起,将自己融入故事情节当中,自然而然地就接受了故事所要表达的主旨。只要故事是表达正面的思想,孩子们便会被灌输良好的观念。这种寓教于乐的教养方式远比天天念叨有效果。

说教，会越讲越不"受教"

相信每一个当父母的，都曾思考过这几个问题：应该怎么教孩子？都已经骂过好几次了，孩子仍然不知悔改，到底要怎么办？体罚真的会比较有效果吗？

少数"幸运"的父母，在他们的孩子的成长过程中，没有遇到类似上面所说的这些棘手的教养问题，但是他们希望孩子能"好上加好"：能够更加自觉自发地学习，能够养成自立自强的个性，能够拥有更加良好的人际关系，将来在社会上能够更加具有竞争力。只是这些父母也不知道该如何对自己的孩子说教。

其实，"说教"这两个字的基本解释为："宣传宗教教义。比喻生硬枯燥地空谈理论，教训别人。"换句话说，对自己的孩子说教，就是将自己的思想说成"家规"，然后以强迫式的手段施加在孩子身上。

但这种"说教"的方式不一定能让孩子理解其中的意思及其背后的良苦用心。孩子可能只知道"爸妈不高兴了，他们不喜欢我们这样做"。孩子的心里或许还会认为"这样做并没有什么错，只是爸妈小题大做。等到爸妈不注意的时候，再'这样做'，反正只要爸妈没看见，不再啰唆，就好了"。

总归一句话来说："父母以为自己的说教发挥了作用，实际上却可能不如想象中管用，孩子仍然犯同样的错误。"父母恐吓的程度越高，孩子的坏习惯就越可能变本加厉，而不是加以改正。因为孩子并没有从心底认同长辈的想法或者与之产生共鸣，所以父母很难见到预期的效果。

父母在对孩子说教时，还可能越说语气和心情越不好，孩子也难免会产生不愉快的情绪，甚至逆反心理。这样一来，基本问题没有解决，又加入坏情绪的影响，原本纯净的亲情中添加了不少杂质，亲子关系也许就会因而慢慢变质。

仔细想一想，我们这些做父母的曾经也做过小孩子。那时，我们也不喜欢听长辈碎碎念。更何况，现在的孩子，比我们那时更早熟，接受的信息更多，想法更多，性格的发展也更加多元化。刻板的恐吓式教育应该是不能产生好效果的。

要想在自己与孩子之间建立"良性沟通"的管道，父母就必须动脑筋，把与孩子互动的模式弄得比较生动；精心设计我们要对孩子进行的"训话"，在内容、形式上加点花样……让孩子能在公平的立场下、关怀的情绪中，放下偏见，从正面角度用心聆听家长的话。

故事，是雕塑孩子优良品格的超级工具

经过在家带孩子的这七年多的时间，我彻底地领悟到：孩子与生俱来具有光明至善的本性、较高的领悟力、富有深度的思考能力、大海般的包容力。因此，父母千万不要"自我设限"，认为孩子听不懂"大人的语言"，不愿与孩子沟通。

家长有责任也有权利教导孩子树立正确的人生观、价值观、世界观，引导孩子走向光明的未来。但是父母不能只是不停地指正孩子的错误，有时也需要听一听孩子的心声。让孩子敞开心扉，把自己的想法说出来，是一件非常重要的事，因为这是迈向亲子间良性沟通的必经

之路。

父母可以借助故事来缓和说教的口吻，扩大亲子沟通的空间；用"角色互换"的方式来与孩子探讨问题，了解孩子的想法；用一种比较温和的方式对症施治，比如，用故事中的道理让孩子认识、改正错误的言行，避免亲子间正面的情绪冲突。父母还可以通过不同的故事，运用正面的引导方式，启发孩子的良知良能，训练孩子形成完整的思考力体系、正确的判断力、丰富的想象力及健全的心智。

这里所说的"故事"不只是故事书里写的，也包括老一代的经验谈、街头巷尾的传言，甚至报纸杂志上的真实事件，当然还有家人、朋友的亲身经历——只要是值得孩子讨论、学习或者让家长心动的，都可以放入"故事袋"中，当作亲子沟通的材料。

感情越谈越浓，言语越说越流畅。亲子间"说故事"的重点是谈亲子情，说人间爱，而目标是让孩子们具有良好的品格。家长所扮演的角色不只是说书者、智囊库，更是一个好伙伴——陪伴孩子成长，使孩子在不同故事的陶冶之下，试炼出智慧、勇气与爱。

第一篇　故事一点就懂，孩子最容易领悟

懂得运用故事的力量，教育就能轻松、快乐、有效！

第一章　0~3岁宝宝：相亲相爱，共游梦幻世界

第四章　青春期的子女：望、闻、问、切，用心呵护孩子的蜕变

第二篇　说好故事，给孩子源源不绝的成长动力

好故事的小种子，会在孩子心里长成智慧与创造力的大树。

第五章　儒家哲理小故事，培养孩子的品格

第一篇

故事一点就懂，
孩子最容易领悟

懂得运用故事的力量，教育就能轻松、快乐、有效！

第一章

0~3岁宝宝：
相亲相爱，共游梦幻世界

给小宝宝父母的一句话：用故事搭起亲子信赖的桥梁

新手父母不知道如何和孩子对话时，不妨念个故事给他听，尽管孩子可能听不懂故事的意思，但是他会从父母亲切的口吻中知道父母是深爱着他的。

刚怀孕的时候，我也很迷茫：该给孩子说什么样的故事？是不是孩子出生之后才能听得到我说话？

后来，在上产前妈妈课时，我从给我们上课的医生的口中得知，怀孕七八个月时，是胎儿大脑发育的第二个高峰期。这时，肚子里的宝宝的听觉系统正迅速发育。医生鼓励准妈妈们多刺激胎儿的听觉，比如给小宝贝听优美的抒情乐曲，多和宝宝聊天或者给宝宝讲故事，等等。

除了听觉之外，肚子里的宝宝的神经系统也正迅速发育，宝宝的触觉相当敏感。准妈妈们时常轻拍或抚摸腹部，配合肚子里的宝宝的活动做呼应，可以促进胎儿大脑功能的发育，有利于孩子未来动作的灵活性与协调性。

言下之意，就是以医学的角度来讲，念书给孩子听，加上适宜的肢体动作，似乎是不错的胎教方法。于是，当时辞职在家养胎的我，每天午餐之前，都会花大约半个小时的时间念书给孩子听。如果某一天不想念书，我就放轻音乐，搭配一两篇有声读物，这样既让自己不感到无聊，也让肚子里的宝宝养成上"羊水私塾"的习惯。

说书胎教，养出准妈妈的好心情

西汉的文学家贾谊在《新书·胎教》中记载："周妃后妊成王于身，立而不跛，坐而不差，笑而不喧，独处不倨，虽怒不骂，胎教之谓也。"意思是说，周成王的母亲怀孕时，站有站相，不将重心倚在一边；坐有坐相，坐时不歪斜；笑时不放声喧哗；独居一处时也不懈怠、放任；发怒时也不骂人。她约束自己的言行举止，就是为了对孩子产生良好的影响。

著名剧作家莎士比亚曾经说过："书籍是全世界的营养品。生活里没有书籍，就好像没有阳光；智慧里没有书籍，就好像鸟儿没有翅膀。"

整合周成王母亲的胎教经验与莎士比亚的思想，"良性阅读"应该是能帮助胎儿健康成长的胎教法之一。念故事给胎儿听，不仅可以让怀有身孕的母亲放松心情，体内充满正能量，也可以使胎儿从母亲温柔的朗读语调中得到厚实的安全感，甚至冥冥之中在胎儿大脑发育期间将知识植入胎儿的脑中。孩子出生之后，再次听到相同的故事时，如同沉睡的记忆被唤醒一般——孩子不仅能够比较容易地记住书中的字句，还会喜欢接触书籍，甚至融入书意之中。

准妈妈读的字句，深植在胎儿的心中

我曾听一位名叫玛莉的朋友说过，她怀孕时陪短期出差的先生在西班牙居住了几个月——她随同先生去西班牙时，原本只是想去玩一两周便回来，没想到竟然在那儿待了三个月。

她每天的生活除了去学西班牙语之外，就是待在家里。因为看不懂电视，上网时间太久又对胎儿不好，所以玛莉就反复地念从台湾带去的两本书——一本是《三字经》，另一本则是《般若波罗蜜多心经》。《三字经》是她特意带去的，因为她觉得读起来比较朗朗上口，所以就暂且将它当作胎教读物；而《般若波罗蜜多心经》是她当作平安符随身携带的。

她回到台湾之后，又买了几本胎教故事书，不过偶尔还是会把《般若波罗蜜多心经》与《三字经》拿出来念给腹中的宝宝听。听说，玛莉的孩子出生满月之后，便能从晚上十一点安静地睡到第二天早上五六点，平常也很少哭闹，而且似乎能听得懂大人跟他说的话。有时，玛莉和她的先生因为太累而没陪孩子玩，小宝贝就一个人静静地躺在婴儿床上，也不黏人。小宝贝发烧不舒服时，玛莉若是念《般若波罗蜜多心经》或者《三字经》给小宝贝听，他很快就能放松入睡。

玛莉对我们说："别人的孩子都喜欢听绘本故事，我家的宝贝却喜欢听经，该不会是和尚转世吧？而且，对于我批评过他的事，他很少再犯错。"

玛丽的丈夫则常炫耀："我那乖儿子，可非泛泛之辈。"

刚好，玛莉与她先生帮儿子取名为"圣人"。

几年后，"圣人"上幼儿园了，从上小班开始就参加读经比赛。他背诵经典的速度可谓"过耳不忘"——只要听妈妈念几次，他便能记得七八成，而且咬字非常清楚。

后来，玛莉带"圣人"参加读经比赛时，遇见一个与"圣人"相似的孩子。那个孩子的妈妈说她怀孕的时候对各家经典感兴趣，便天天念那些经典，没想到孩子出生之后竟然都记得。

玛莉仿佛解开了多年未解的谜。她对我们说："原来'圣人'也是个普通的孩子，只是因为在我的肚子里听多了'智慧之语'，才会有这么好的记忆力。但是没想到隔着肚皮也能听这么清楚。"

从医学的角度来说，胎儿呱呱落地之后，对出生前妈妈所在的生活环境中的声音特别敏感，听到妈妈的声音也会感到特别安心，因为他们有似曾相识的感觉。

准妈妈们若是能选择比较温馨、富有教育意义或者具有智慧启发性质的故事、经典等读给未出生的宝宝听，这个小小的胎教动作，不仅能使肚子中的孩子对成长环境产生安全感，还能在孩子出生之后进而让孩子对母亲产生信赖感，更能在孩子懂事之后较容易地启发他的良知良能。

虽说这么小的小宝贝或许听不懂那些‘智慧之语’，但若是他能像圣人一样，从小过错不二犯，体谅父母的辛劳，喜欢读书，岂不是很好？

给孩子金银财宝，
不如和他分享一本好书

许多疼爱孩子的家长，舍得花钱给孩子买玩具、添购衣物，却没有陪孩子读一本书的时间。家长们认为自己辛苦工作都是为了让孩子有更好的生活，却忽略了陪伴孩子的重要性。

美国阅读研究专家吉姆·崔利斯说过："你或许拥有无限的财富，一箱箱珠宝与一柜柜黄金。但你永远不会比我富有。因为，我有一位读书给我听的妈妈。"

其实，这七年多全职妈妈的经验告诉我，孩子通常不记得便当里的菜色，不记得三年前父母送给他什么生日礼物，也会忘记曾经去过哪里度假，但是却意外地能记住父母念过的故事中的一句话，以及被父母搂在怀里与父母一起读过的绘本的名字。

其实，孩子喜欢的是与父母之间的互动。孩子从父母的表情和肢体动作上感受到亲情与爱。那种甜蜜的感觉润物细无声地落入孩子的心田，成为孩子幸福的记忆。

　　新手父母不知道如何和孩子对话时，不妨念个故事给他听。尽管孩子可能听不懂故事的意思，但是他会从父母亲切的口吻中知道父母是深爱着他的。在充满爱与关怀的环境中长大的孩子，会更有勇气与自信去面对将来许多未知的挑战，因为他知道不管路有多艰难，家人都会给予无限的支持。

图书馆的"故事时间" =
亲子共享的"爱的光阴"

日本大多数的市区图书馆都有"故事时间"这项活动，而且欢迎亲子一起参加。

在日本名古屋生活期间，每周我都会带着一岁多的小女儿参加市区图书馆为0~3岁的孩子举办的"故事时间"。这项活动每次大约是30分钟，由义工妈妈们轮流主持。1~3位义工妈妈以看图说故事、带动唱和表演木偶剧等方式给未满三岁的孩子讲故事。

在每次的"故事时间"中，义工妈妈们并不要求孩子们一定得乖乖地坐着——有些孩子黏在妈妈的身上，有些孩子则一会站、一会坐，或者蹲在桌下，或者靠在墙边——只要不过分影响其他小朋友与义工妈妈的互动，这些小动作基本都是可以被接受的。

持续带着孩子在日本名古屋的社区图书馆参加"故事时间"约一年的我，深深地了解到其实这项活动并不只是为了给孩子讲故事，启蒙孩子的阅读兴趣，更是为了让妈妈们与孩子进行互动——相互拥抱着听故事，一起做游戏、带动唱，一起看木偶戏，然后在回家的路上一起说着活动的内容……妈妈们陪伴幼小的孩子度过"知性兼感性"的时间。

小脑袋瓜里的深刻记忆

以我和其他妈妈的经验来看，这个年纪的小孩，大多数无法记得当天所听的故事的全部内容，有时甚至根本想不起来当天义工老师们说过的话。他们的小脑袋瓜里只装着木偶的动作，或者义工老师唱过的歌谣中的一两个字，但是这些许的记忆却让孩子们感到满足与快乐。

有一次，义工妈妈利用手指布偶表演一个小短剧，教孩子们一些基本的礼节。剧中的主角是一个小男孩，他早上起床会大声地和爸妈说早安；吃饭前会说"要开动了"；吃饱饭后会跟母亲道谢；去公园玩时不小心撞到其他小朋友，会鞠躬道歉；从公园回到家会说"我到家了"；爸爸下班回家，会跟爸爸说"您辛苦了"；晚上睡觉前会跟父母道晚安。白天的太阳公公和晚上的月亮公主都说他是一个很棒的好孩子。

对于出现在短剧里的这些礼貌用语，两岁左右的孩子基本都听过。因为都是基本的礼节，周围的大人或者哥哥姐姐也都会使用，所以其实不难记住。但是，有时孩子却不愿按照大人的要求使用这些礼貌用语。不要对孩子说教，试着给孩子说故事吧，也许故事就可以让孩子学会懂礼貌。

孩子特别喜欢逗趣的动作，也比较容易记住相应的场景和语言。那天"故事时间"结束之后，其他几位妈妈邀请我们一起去图书馆旁的公园里野餐。午餐结束后，我们这些妈妈们一边看着孩子做游戏，一边聊天。这时，我的女儿突然跟另一个小女生额头碰额头地撞在了一起。我跟那个孩子的妈妈赶紧将两人拉开。还没等我们开口，这两个刚满两岁的小女孩儿就笑着互说"对不起"。没想到，这两个小妮子刚互相道歉，就又撞在一起，然后又笑着说"对不起"。我和那个孩子的妈妈还没搞清楚状况，旁边的两个小男生竟然也开始撞头，然后互说"对不起"。这四个小朋友轮流换对象碰头，然后说"对不起"，看起来完全像是故意这样做的。

我们这些妈妈们先是看得云里雾里，后来才想起来，原来他们是在学手指布偶剧中的主角在公园和伙伴抢着捡球时相互撞到头，然后互说"对不起"的那个桥段。

当时，义工妈妈在表演两个手指布偶撞到头的情景时，声音和动作都特别夸张，让看表演的孩子们笑得东倒西歪。没想到看完表演的孩子们会亲身体验，反复尝试，让这一幕成了"精彩回顾"。若不是我们这些当妈妈的心疼孩子的额头都撞红了，强制他们玩些别的，这个"对不起"游戏还会再持续一段时间。

在回家的路上，我一边开车一边和女儿聊起这个短剧。我发现女儿对当天布偶主角说过的话是有印象的，只是记得不是很清楚，加上有些咬字不清晰，所以感觉有些生涩。她翘起手指，握着手帕甩来甩去，嘴里念念有词，好像是在复习从短剧里学到的问候语。于是，我借机将短剧中的故事又说了一次，并且和女儿一起练习故事中的问候语。女儿很努力地边摆手边跟着我重复地说，偶尔还会故意反问我。

在接下来的一个星期中，这个小短剧中的故事成为我们全家的聊天话题。虽然女儿无法完全自动自发地说出这些问候语，但是提醒她开口时，她并没有显露出不乐意的表情，而是会想起那天短剧表演的情景，积极地向手指布偶学习。

信任与爱是说故事的必备品

　　让年纪尚小的婴幼儿在家长的陪伴之下听故事、说故事，对让孩子产生好奇心、乐于学习新事物与培养孩子的成就感，是很重要的。一个喜欢听有趣的故事的、拥有爱的小孩，一般会充满好奇心，也比较容易听取他人的建议。无须说教，孩子就会在带着父母的爱的故事中不断进步。而孩子每前进一步，父母与孩子间的情感便会加深一层。

　　我个人认为，未满三岁的孩子基本都是依靠大人生存的，父母不应该只是为其提供物质上的供给，心灵食粮也是同等重要的。父母对孩子的爱和孩子对父母的绝对信任是说故事的基础——孩子勇于尝试的信心与对父母的信赖感基本是成正比的。如果孩子不能在"爱和信赖"的主轴上认同父母，父母根本没资格谈到"说教"那一块，说不定就连有趣的小故事都没办法让孩子听进去。

　　用说故事来取代说教，是为了让孩子在温馨幸福的环境中成长，而构成这个环境的基本要素，是良好的亲子关系、彼此的信任和依存感。

唱唱、说说、贴贴、扭扭、笑笑

　　婴幼儿主要是通过感知觉认识周围的世界的，即通过感觉器官辨识周围环境中的颜色、气味、声音等。因而，儿童早期（0~3岁）教育应着重于通过锻炼孩子的感知觉促进孩子的智力发展。

　　比如：（1）让0~1岁的婴幼儿躺在摇篮里，大人一边轻轻地摆动摇篮，一边唱歌或者细语。也可以带着孩子到户外，接触大自然中的空气、声音与色彩，让孩子在感觉温暖与安全的心理状态下进行探险。（2）引导2~3岁的孩子跑步、追逐、玩游戏，加强体能训练，促进孩子身体发育，并利用音乐与图片促进他们的听觉与视觉的发展。

　　尽管不满一岁的婴幼儿无法听懂大人的话，但是他们会"读心术"——他们能从大人的表情和说话的语气中了解父母或者其他长辈想要传达给他们的信息。因此，我认为童谣、儿歌、诗词、婴儿绘本等都可以被纳入父母的"故事百宝箱"。

优美、正面、具有教育意义是选择故事的标准。主要是让小宝贝听得舒服，能从中得到爱的感觉，并在潜移默化之中将某些旋律或者词汇存放在脑中。等到孩子们会说话，开始模仿父母说过的故事或唱过的童谣时，父母再去解释这些故事和童谣字面上的意思与内在的含义，都还来得及。

通常刚开始学说话的小朋友会对父母重复说的话或者自己熟悉的词汇感兴趣。从孩子零岁起，父母就要养成给孩子读绘本、说故事、唱童谣的习惯，这会在孩子将来学习说话时产生正面影响，比如发音、语法与词汇的使用等，也能激发孩子的思考力、好奇心与想象力。多和小宝宝说话，多抱抱他们，最好是让他们贴在父母的身上。父母可以随着故事情节的发展或声音频率的高低轻轻摆动身体，让孩子与父母一起享受文字与音乐的世界。父母与孩子彼此享受对方的一颦一笑，关心对方的情绪起伏。无需过多的言语，故事用心来说。

一暝大一寸＝睡觉指令

婴幼儿平均每天应睡15~17个小时，1~3岁的孩子每天也需要12个小时左右的睡眠时间，所以睡觉对三岁前的孩子来说是一件大事情！

为了保证婴幼儿的睡眠质量，安静舒适的休息环境很重要。父母还可以在睡前半个小时左右，给孩子唱唱歌、念念书，和孩子说说话，让小宝贝能在具有绝对安全感的状态下入睡。

以我自己的经验来说，在孩子入睡前，如果他们玩得太过兴奋，或者给他们读太过刺激的、带有悬疑恐怖色彩的故事，或者让他们听节奏激烈的音乐，孩子们通常一个晚上都睡不安稳，不是做噩梦，就是突然喊妈妈，甚至还会半夜起来哭几次。这不仅会影响孩子的睡眠质量，也会弄得我很累。

让孩子在睡前半个小时安静下来，给他们唱摇篮曲，说温馨的故事，亲亲、抱抱他们，这样孩子与我都能有一个好眠。不太会唱歌的我，只有两首哄孩子睡觉的招牌曲，在此跟大家分享。

第一首歌叫作《摇婴仔歌》，由吕泉生先生作曲，卢云生先生作词。这首歌创作于第二次世界大战即将结束的时候。那时，台湾人民每天都要面对可怕的空袭，目睹许多生离死别的悲剧。吕泉生先生因为战乱被迫与妻儿分处两地。对妻子和刚出生不久的孩子的思念之情，促使吕泉生先生创作了这首饱含爱意的歌曲。

摇婴仔歌

词：卢云生　曲：吕泉生

婴仔婴婴困，一暝大一寸；

婴仔婴婴惜，一暝大一尺；

摇子日落山，抱子金金看；

你是我心肝，惊你受风寒。

婴仔婴婴困，一暝大一寸；

婴仔婴婴惜，一暝大一尺；

一点亲骨肉，愈看愈心适；

暝时摇伊困，天光抱来惜。

婴仔婴婴困，一暝大一寸；

婴仔婴婴惜，一暝大一尺；

同是一样子，哪有两心情；

查甫也着疼，查某也着成。

　　婴仔婴婴困，一暝大一寸；

　　婴仔婴婴惜，一暝大一尺；

　　细汉土脚爬，大汉欲读册；

　　为子款学费，责任是咱的。

　　婴仔婴婴困，一暝大一寸；

　　婴仔婴婴惜，一暝大一尺；

　　毕业做大事，拖磨无外久；

　　查甫娶新妇，查某嫁丈夫。

　　婴仔婴婴困，一暝大一寸；

　　婴仔婴婴惜，一暝大一尺；

　　痛子像黄金，成子消责任；

　　养到恁嫁娶，我才会放心。

　　其实这首歌我只会唱前面这一段：婴仔婴婴困，一暝大一寸；婴仔婴婴惜，一暝大一尺；摇子日落山，抱子金金看；你是我心肝，惊你受风寒。记得自己三四岁时，姥姥时常唱这首歌给我听。我自己当上妈妈之后，抱着刚出生的儿子，脑海里竟浮现出这首歌的旋律，不知不觉地就唱出来了。

　　或许对歌曲的喜好也有"遗传基因"的存在，儿子和女儿似乎在听这首《摇婴仔歌》时就比较容易被哄睡着。一次，我在唱给半岁的女儿听时，四岁的儿子问我："这首歌我听过，但是不知道是什么意思。这首歌是中文歌吗？"我跟他解释，这是一首闽南语歌，简单的意思是：小孩子要多睡觉，才会长得高，长得好。

我对孩子说的，正是我姥姥曾经对我说过的话。虽然吕泉生先生想要表达的意思更丰富，但是我更想将这个"简单的解释"用于"传家摇篮曲"，也希望我的子孙能将这个解释和摇篮曲一起传承下去。

每当我唱这首歌时，襁褓中的女儿便知道，睡觉的时间到了——这首歌成了哄孩子睡觉的"指定曲"。我没有跟孩子说："乖，快一点闭眼睛睡觉。"只是唱着"婴仔婴婴困，一暝大一寸"，孩子就能够懂得我的要求。

恬静、优美的世界名曲，
让孩子在爱的摇篮里好眠

我平时唱给孩子听的两首歌曲中，第二首歌叫作《摇篮曲》，是一首人们耳熟能详的歌曲。这首歌是音乐家勃拉姆斯根据德国民间故事编写的，李抱忱先生填写的中文歌词，被收录在台湾的音乐课教科书中。

摇篮曲

词：李抱忱　曲：Brahms Lullaby

快快睡，

我宝贝，

窗外天已黑，

小鸟回巢去，

太阳也休息，

到天亮，

出太阳，

又是鸟语花香，

到天亮，

出太阳，

又是鸟语花香。

好宝宝，

安睡了，

我的宝宝睡了，

好宝宝，

安睡了，

我的宝宝睡了。

记得在儿子一岁半左右的时候，我们刚从北京搬到天津，或许是因为不适应新环境，儿子时常生病——感冒、发高烧、两次肠套叠，经常三更半夜跑去看急诊。儿子身体不舒服，夜间经常哭闹。孩子已经很累了，但是生理上的不适让他无法放松入睡。

连续几个夜晚，睡眼惺忪的我抱着哭闹的儿子想要坐下来休息，但是只要我一坐下来，儿子就哭得更大声，所以我只能在房间里来回地走来走去。因为体力和心理负荷几乎都到了临界点，我好几次忍不住对怀中的儿子大喊："快点给我睡觉！"

儿子被我一吼，不知道是害怕还是生气，竟然越哭越大声，而且身体状况渐趋恶化。看着儿子难受的表情，我的心里也不好受。想着若是我不烦躁，或许儿子也能被我平和的气息影响，安心入睡，所以我放弃了"催赶"，试着换个态度和声调与儿子沟通。我想起以前在学校唱过的《摇篮曲》，便开始哼起"快快睡，我宝贝，窗外天已黑"。在昏黄的床前灯下，儿子抬起头来，望着我的脸，眼神中带着些惊讶。或许他心里正想着："妈妈这次让我快点睡觉，怎么不是用骂的，而是用唱的？"我对他微笑着，一边轻拍着他的背，一边哼着歌。我的心情舒缓了许多，儿子也慢慢安静下来。渐渐地，哭闹声停止了，儿子终于睡着了。

之后，这首歌就成为我用于"逼迫"孩子早点睡觉的"委婉方式"。因为这首歌曲的旋律柔美、温和，最能缓和宝宝的焦虑情绪，所以多么不听话的孩子都能被它"驯服"。

自编自导自演的启蒙剧，也能有不错的效果

在孩子大约两岁半至三岁的时候，每晚当我们躺在床上，开着小灯，准备睡觉时，我便会召开"今日反省大会"。虽然不像曾子"一日三省吾身"那样具体严谨，但我会将儿子或女儿当天表现最不好的地方指出来，并且告诫他们以后不要再犯同样的错误。有时孩子会跟我争辩，坚持说他们并没有错，弄得母子双方都不愉快。慢慢地，我发现用这种方式不仅不会让孩子改过，还会对孩子的睡眠质量造成不良影响。后来，我想出一个方法，那就是把想要传达给孩子的信息用讲故事的方式说出来，故事一定要简洁、有正面的结局，让孩子能带着愉快的心情入睡，在美好的睡梦中将正确的观念记在心中。

比如，有一次到了上床睡觉的时间，儿子却说什么也不愿意收拾玩具。不是他不想睡觉，而是他觉得每次都要将玩具分类收进箱子里很麻烦，而第二天早上还要从箱子里把玩具一一拿出来，很浪费时间，不如

就这样将玩具摆在墙角，简单又方便，自己也可以省许多力气。

虽然我告诉他，这样会影响家中其他人的行动，妈妈早上起来也不方便打扫，而且将玩具任意堆在地上，不是爱护物品的正确态度，可是儿子说什么也不听。

躺在床上时，我借用《玩具总动员》（Toy Story）的情节，稍加改编，给儿子讲了一个关于玩具的故事。以下是我与儿子之间的对话。

我：今天，我们来说一个关于玩具的故事。

儿子：玩具？

我：嗯。小男孩儿和玩具的故事。

儿子：和我一样，是男生？

（儿子开始感兴趣，因为故事主角的身份和他自己相近。）

我：小男孩儿有许多喜欢的玩具，这些玩具都是他的好朋友，比如说酷酷的战斗机、凶猛的恐龙、汤姆士火车，还有机器人。小男孩每天都跟他这些玩具朋友一起玩儿，而且每次出门或者睡觉之前都会把玩具收进柜子或箱子里，好好地照顾他们，因为这些玩具是他最好的朋友。

儿子：我也是。

我：有一天晚上，小男孩儿忘记把躲在桌子底下准备执行任务的警车收进箱子，就上床睡觉了。第二天早上，妈妈在打扫时将警车捡起来放在桌子上。小男孩儿发现警车的警笛不能发出声音了，警车也跑不快了。小男孩儿很着急，就问妈妈为什么会这样。小男孩儿的妈妈说，警车在冰冷的地板上睡了一个晚上，可能是感冒发烧了。因为没有体力，所以才会变成这样。小男孩儿很伤心，因为他觉得是自己的疏忽让警车生病了。

于是，他一整天都将警车放在身边照顾。小男孩儿的妈妈下班回家之后，给警车吃了药（其实就是新电池），警车才逐渐康复，恢复了昔日的威风。当天晚上，小男孩儿很仔细地将所有的玩具朋友都收进柜子里后才上床睡觉，因为他不愿意让自己的朋友生病。

（儿子突然拉拉我的手。）

儿子：妈妈，我……那我的玩具朋友……

我：嗯，他们都睡在冰冷的墙角，明天可能会跟警车一样……

（我的话还没说完，儿子就赶紧跑下床。）

儿子：妈妈，我要收拾玩具。

我：你不是想睡觉了吗？

儿子：我不想让他们生病。

我：喔，你真是玩具的好朋友。那我帮你一起收吧。

当然，那时我的儿子还不满三岁，对许多事情的想法也还算单纯，所以可以通过讲简单、虚幻的故事来跟他沟通。如果现在将这种故事讲给上小学二年级的儿子听，他肯定不会"埋单"，说不定还会笑我说：根本就是电池没电了，玩具怎么可能会生病呢？都是骗人的！

所以利用讲故事的方式教育孩子，仔细考虑故事的内容与孩子的认知程度是相当重要的。以我自己的经验来说，类似上面这种虚幻的卡通故事对上幼儿园中班左右的孩子还是有一定效果的。

小兔子教会儿子上厕所

对于三岁之前的孩子，除了让他们养成良好的生活作息习惯外，让孩子有基本的自理能力，如能够自己吃饭、自己上厕所、自己更衣等，也是一个重要的教养环节。可以通过说故事或者唱歌的方法反复教导、提醒孩子，从而解决这些"育儿难题"。

以我自己的例子来说，儿子一岁半时，我的日本婆婆与我娘家的妈妈都提醒我，要让儿子脱离"尿布生活"了。于是，我开始很认真地执行：那时刚好是夏天，我就买了开裆裤，让儿子不包尿布，并且在他喝水、进食后半小时，带他去一次厕所。不知道是不是因为我太紧张，搞得儿子也不知所措，每次去厕所都是弄了好久也排不出来，一离开马桶，他就排泄在地上。小便还好处理，大便就真的会令人崩溃了！

儿子反复出错，让我越来越生气。而我说话的音量越高，孩子失败的次数就越多——短短两个小时，竟尿湿了七条开裆裤。后来，有丰富育儿经验的美国婶婶通过Skype（微软开发的一款即时通信软件）跟我说，大概是孩子害怕被我说，才会偷尿尿，而尿到一半，听到我大吼，又把尿忍住，没有一次将膀胱里的尿液排干净，所以才会一直尿裤子。婶婶建议我，训练自己上厕所这种事不要急，孩子大概还没有这个方面的意愿，加上他还不懂自己上厕所到底是怎么一回事，若硬逼着孩子，只会让孩子更加丧失信心，也会让我更忙碌，不如以后再找机会训练。

我仔细想想，是我急着听从婆婆与娘家妈妈的指示，而没有考虑儿子的感受，所以才会弄得不顺利。或许真的如婶婶所说，时候未到，强求也无用。于是，我再次替儿子包上尿布，省了擦尿捡粪的辛劳，过了一个省心的夏天。

同一年冬天的某个晚上，我念了一本名叫《尿尿，嘘嘘》的绘本给儿子听。故事中的主角小兔子发现他的朋友们不需要包尿布，会自己到厕所去尿尿，所以也学着不包尿布，结果第一次不小心尿在地上。但是后来小兔子从朋友那里学会了怎么使用马桶，最后成功地尿在了马桶里。

一本小小的绘本，只重复着谁尿尿，谁嘘嘘；在哪里尿尿，在哪里嘘嘘。而我只是在念故事时对儿子说了两句话："尿在马桶里好棒。尿在地上脏脏、臭臭的。"

儿子让我反复读这个故事约三次之后，站起来对我说："妈妈，尿尿。"

"要换尿布了吗？"我问刚满两岁一个月的儿子。

"去厕所。"

"厕所？"我以为自己听错了，又问了一次。

尿急的儿子自己脱下裤子，准备用手扯开尿布。我赶紧把他带进厕所。他学着绘本上讲的说"嘘——嘘——嘘——"，然后便顺利地尿在了马桶里。我对儿子的表现感到很讶异，赶紧称赞他，并且问他，从今天开始，我们都在厕所里"上厕所"好吗？儿子自信地点头答应。因为担心他可能还会失败，而华北的冬天很冷，所以那几个月我仍让儿子穿着尿布。但是那段时间尿布一次也没有湿过。

这段经历给了我两个启示：（1）正面的书籍会对孩子产生良性影响；（2）训练孩子如厕真的不用急，孩子愿意学时，效果最好。

所以当排行老二的女儿一直到两岁半还不愿意离开"尿布生活"时，我并没有着急，只是三不五时地把这本叫作《尿尿，嘘嘘》的绘本拿出来念给女儿听，并问她是不是可以练习自己坐上马桶。一直到她点头同意时，她已经两岁八个月了，但是她要脱离"尿布生活"时，一次也没有失败过。

除了绘本之外，我曾看过"巧虎"系列也有类似的短剧，教导幼儿养成自己如厕的习惯和教授一些其他礼仪。如果家长能在一旁陪同观看，适时提醒，相信孩子便能自然而然地养成良好的习惯。

以带动唱的方式，训练基本礼节

除了读各式各样的绘本和早教辅助教材之外，我曾用唱歌的方式歪打正着地让孩子养成了打招呼的好习惯。使用的歌曲并不是我写的，我只是将曾听过的英文歌（《生日快乐歌》）改编成在我们家适用的"打招呼歌"——使用《生日快乐歌》的曲子，填入中文、日文和英文三种语言的"早安""午安"和"晚安"。下面这段是《早安歌》。

打招呼歌（早安歌）

寄调：生日快乐歌

Good morning to you

Good morning to you

かいと君　おはようございます。

早安，海渡宝贝

每当孩子早上起床、中午和晚上睡觉前，我便会更换歌词，唱着歌跟孩子打招呼。儿子从小听到大。在他还搞不清楚英文单词的意思的时候，他就会随着天色的变化，换着唱给他的妹妹（当时还只是个小婴儿）听。

那时我并没有想很多，只是觉得用这个方法与孩子打招呼还蛮有趣的，没想到孩子们就此养成了早、中、晚打招呼的习惯，同时还记住了歌中的英文单词。除了打招呼之外，我还用相同的方法，配上不同的音乐[有时候还会突发奇想来个RAP（一种音乐风格，即说唱、饶舌）]，教孩子认颜色、练习说手指头的名称……

让孩子在游戏中学习一些新的事物，其实不需要规定使用哪种特定的方法，只要是家长觉得自己有把握、孩子愿意配合的，就都是好的教育手段、教育方法。这个年龄层的宝宝，最喜欢有父母的陪伴，和父母一起欢笑，还会模仿父母的一举一动。父母的言行举止，就是最好的教养榜样！

因材选书，细心导读，才能达到教导效果

有经验的家长应该对"Trouble Two"不陌生：看上去可爱、听话的小宝贝，一开口说话，不是"不要"，就是"不行"；无理取闹，不将父母说的话当回事；哭哭啼啼，动不动就乱发脾气，却又说不清楚自己到底对什么不满意，想从父母那儿得到哪些帮助。其实，这是因为这个年纪的孩子开始有自己的意识，认为自己长大了，有能力"独当一面"了，却"心有余而力不足"。家长时常会被这个年龄层的孩子搞得筋疲力尽、不知所措，而我也曾有过这样的经验。

我的两个孩子开口说话的时间比周围的孩子晚。婴幼儿时期的儿子和女儿一般能听得懂我们大人在说什么，但是与其他孩子相比，能够使用一个完整的句子与大人对话算是比较晚的。尽管如此，他们开口说"不要""No"或"いや"的时间却一点也不晚。女儿的这个坏习惯更为严重些。一岁多的女儿和她的哥哥一起玩时，连"哥哥"都不会喊的

她，竟然会对叫她一起收玩具的哥哥說"いや""不要、不要"，可见"不要"的威力有多么大。

在日本，这个问题也很普遍。为了帮助孩子纠正这个坏习惯，日本的福音馆曾出过一本名叫《いやだいやだ》的绘本给孩子看。绘本里的女主角Ruru，一开口便說"いやだ、いやだ"，也就是"不要、不要"。她不论什么事都说"不要"，于是她的妈妈也对她说"不要"——无论Ruru怎么叫妈妈，妈妈也不愿意抱她；好吃的零食甜点也对Ruru说"不要"，因为零食们不想去坏小孩的嘴里；太阳公公也说"不要"，故意躲在乌云后面，让天空每天都下雨；每天穿的鞋子也对Ruru说"不要"；Ruru最喜欢的熊宝宝也说"不要"。那Ruru该怎么办呢？

我曾多次读这个故事给喜欢说"不要"的女儿听。女儿每次听完这个故事，都会安静大约半分钟，独自翻看着绘本上的图片，一副心事重重的样子。接下来的一两天，就比较少听到女儿说"不要"这两个字了。可是时间久了，"不要"又会跑出来，我只好再把这本故事书拿出来读一次。

现在女儿四岁半了，这本书已经被她归入宝宝时期读的绘本，但偶尔她还会自己拿出来读。虽然她还不识字，但是只要一看到图，她就会主动说出印在脑里的旁白——把图旁边的字句"念"出来。念完以后，她还会和她的爸爸、哥哥或者我这个做妈妈的说："Ruru真的很可怜，都没有人喜欢她了。"

偶尔我们就会搭一句："为什么？"女儿就会用理直气壮的口吻回答："因为Ruru喜欢说'不要'。"若是我在旁边，我便会多追问一句："那你还会常说'不要'吗？"女儿起初会答说："当然不会。"可是现在会说："随便说'不要'不行，可是有的时候可以说。"我注意到答案渐渐在改变，同时发现女儿在不断地成长，也知道前几年共读绘本的时间没有浪费。孩子在慢慢长大，想法也越来越成熟，我也会继续传授给她成长中必须懂得的正确观念。

亲子共读绘本是各国专家一致认可的教养上策，而我就是受益者之一。在进行亲子共读时，我认为最重要的是严选绘本，选择适合孩子和父母自身的故事。

适合别人家小孩儿的绘本，不一定就适用于自家孩子。如果要通过绘本中的故事来教育孩子，向孩子传达人生哲学、道德观念、行为规范，就更加需要费些心思。一本绘本念给哥哥听与念给妹妹听，或许会因为兄妹性格不一样，需要强调的重点有所不同，导读和分享心得的方式也有所差别。慎重考虑听故事的孩子的个性、习惯与优缺点，才能达到最理想的效果。

绘本插图能激发小宝贝的想象力

0~3岁是孩子大脑发展最快的阶段。这个年龄层的孩子中，能识字的不多，但是一般都懂得欣赏图片，因而可以用丰富的色彩、图形来帮助促进孩子的智力发育。翻看绘本就是一种最合适的方式。

我有时会不依照绘本上的文字朗读，而是和孩子一起看绘本中的图片，试着猜想图画想表达的意思，用自己的语言来组织成故事。我发现偶尔使用这种方法说故事，反而更能让孩子乐在其中。懂得看图的孩子，突然拥有了说故事的主导权，尽管他们只是用小手指出他们所知道的单字，然后再依着他们会的些许单字编织出一个又一个简单的故事，但是这个自由发挥、不按牌理出牌的"故事时间"，反而使孩子更有兴致、更愿意积极表现，同时也能激发孩子的想象力。

两岁半左右开始，孩子还会通过编故事讲出自己心里所想的事情。有一次，我和儿子一起看一本童书，书里写的是一只小狗在下雨天走失，找不到回家的路，三番两转，在几位好心人（动物）的帮助下，终于平安地回到饲主的家中。

这个故事才刚读两页，儿子就跟我说他不想看了，吵着要把书合起来。我让儿子告诉我一个他不想看的理由，不然我还是会继续把故事念完。两岁半多一点的他，对我说他不喜欢天空灰灰的。我告诉他说因为下雨了，所以天空是灰黑色的。儿子反问我："那是晚上吗？"我回答说："故事写的是白天，不是夜晚。"儿子便坚持说绘者把天空的颜色画错了，应该画成蓝色的。我再次解释这是因为天气的关系，所以不能涂成蓝色，而要画成灰色的。反复沟通几次，我几乎要发脾气时，儿子含着泪水对我说："我不喜欢，小狗好可怜。"

"可怜？跟天空的颜色有什么关系？"未理解儿子意思的我，傻傻地看着儿子。

"天空是蓝色的，就不会下雨，不见（走丢）的狗狗就可以早点回家。"听儿子这么解释，我终于了解儿子是因为同情小狗而不喜欢绘本上的颜色。虽然这个故事主要是讲小狗因为好奇乱跑才会走丢，幸亏一路上有好人（动物）的帮忙，才能顺利地回家，但是儿子的情绪不在这上面，我也只好缓一缓再说。于是，我干脆就把说故事改成修改颜色，看看儿子想修改哪些颜色，然后再让他自己编一个他能接受的故事。我想，等儿子年纪再大一点，能理解故事的意思了，我再按绘本作者的原意将故事说完。

有时候，故事也能生故事。不要让小宝贝勉强接受他不愿意读的绘本，这样反而会遏制孩子阅读的意愿。

严选妈妈代言人

在孩子一岁半之前，我常在一堆玩具之中掺杂着放布制的绘本或者能播放音乐的童书，想要引起孩子的兴趣，让孩子养成自己翻阅书本的习惯。当我陪婴幼儿时期的儿子和女儿玩耍时，我通常会拿起一至两本音乐童书或者布制绘本和他们分享，一边玩一边说故事，或者牵起孩子的手，引导他们通过按书上的"按钮"或者翻书来听绘本中的音乐。

正在长牙的孩子可能会将可以触摸到的任何物品都放进嘴里咬，所以一般用纸张制成的图书不适合给这个年龄层的小孩单独翻看。我建议让这么大的孩子看布制绘本——即使孩子放在嘴里咬，也不会被弄坏。这不是说我鼓励家长让孩子养成"吃故事书"的习惯——父母应让孩子从小就了解，绘本是拿来阅读的，而不是拿来咬的。

或许有人会问：孩子这么小，根本就听不懂故事，为什么不等到孩子大一点再说故事给他听？其实，年纪小的孩子虽然听不懂故事的意思，但是会慢慢地养成一种听故事的习惯。我身边的几位朋友的孩子，从婴儿时期开始，他们的母亲便让他们养成听"睡前故事"的习惯，连出国旅行也不例外。这些孩子特别喜欢书本，即使不认得字，也能凭着记忆将书的内容说出来，甚至在妈妈生病时，身为长子或长女的哥哥或姐姐还会代替母职，读床边故事给弟弟妹妹听。

我认识几位日本妈妈，她们也乐于读故事给孩子听，而且坚持一天一本，持续了八九年之久。这几位日本妈妈说故事时很尊重原著。她们逐字将故事念出来，如同朗诵一般。念完故事之后，这几位日本妈妈也不刻意跟孩子讨论，而是把书本收起来，让孩子有足够的时间理解故事的内容。

这几位日本妈妈告诉我："每个人对每个故事的想法都不尽相同。孩子需要时间和空间来思考、消化故事，所以不要急着讨论。"

"那你们怎么知道孩子有没有听懂故事的意思？"

其中有一位年长的母亲笑着告诉我，她正在上高中的儿子曾经在上小学时在小学低年级绘画比赛中获奖；当时她儿子画的正是关于他读幼儿园前妈妈念给他听的一个绘本故事的心得。她的儿子将奖状和图画原稿带回家后，非常认真地解释给她听。这位妈妈非常高兴，因为她知道自己多年来"逐字阅读"的心血并没有白费。

这几位日本妈妈还告诉我一个值得注意的方面，那就是选书！当妈妈决定只是当"播放机"时，一定要先看过将要念给孩子听的故事书，并且慎重判断书的内容是否适合自己的孩子，才不会产生不良影响。

在玩中学习

在大人的观念里，学习新事物、养成新习惯是很辛苦的事，所以有些人认为这对三岁还不到的宝宝来说就更不容易了。其实，对小朋友，特别是婴幼儿时期的孩子来说，游戏和学习是没有区别的。看到、听到、摸到新事物都是新鲜、愉快的游戏，而这实际就是孩子学习的过程。

让这个年纪的孩子听话一点也不难。只要让孩子觉得有趣，他们就会听从父母的话，顺着大人教导的方向前进。只不过这个年纪的孩子的定性比较差，所以千万不要用刻板的教导方式。即使是逐字读绘本，声音也要有高低分别，要带着感情读，或者加上些手势表现，这样比较容易"抓住"孩子的注意力。

再者，孩子的记忆属于短暂性记忆，所以父母觉得需要加强记忆的部分，可以重复地多说几次，或者隔几天换个方式再说一次，直到孩子将需要学习的习惯自然地表现在日常生活中为止。

　　而最快的学习方式，就是让孩子和父母一起做一些事情——孩子模仿大人的语言、动作，在轻松愉快的环境下，烦琐的规定、大量的词汇、正确的观念便会随着爱和信赖感一起自然而然地深深植入孩子的内心深处。

给小宝宝父母的一句话：
用故事搭起亲子信赖的桥梁

医学研究指出，新生儿的脑神经细胞数约为140亿个，和成人的脑神经细胞数相差不多。孩子聪明与否并不是在出生时就已经注定了，因为出生后的每一天，孩子的脑部都会随着不断地吸收营养而持续发育，并经由接收外界新经验的刺激，建立、发展脑细胞之间的神经网络。脑细胞之间的联结越细密、广泛，人就越聪明。一岁以前是脑细胞之间的网络系统形成得最快的阶段，脑部发育达到80%；之后脑细胞之间的网络系统的形成速度便逐渐趋缓，到孩子六岁时则完成了90%的发育。

因此，虽然婴幼儿看起来好像什么都不懂、什么都不会，但是他们就像海绵一样，有足够的能力吸收外来的信息，并将其转化成自己的东西。不只是智力发展，孩子的个性也会在这最初的三年形成一个基本的模样，"三岁看大"说的正是这个意思。如果大人只因为孩子看起来还小、好像能力不够，便无止尽地包容孩子，任由孩子无理取闹，放纵孩子玩乐，而不愿意花心思与时间教导他们，其实是错过了孩子大脑发育的最好时期，这是很可惜的。

在孩子还懵懵懂懂的这个阶段，家长给宝宝充足的爱、高质量的陪伴和不厌其烦的指导，孩子与父母间的关系会变得更好。即使将来孩子长大了，在某些事情上与父母有不同的见解了，他也会相信父母是为自己好，愿意与父母沟通。

这三年是父母培养小天使的最佳时机，也是父母和孩子尽情享受亲子之间的爱的时间。和孩子一起说话、唱歌、做游戏——不是只有阅读绘本、说故事，才能进行"另类教育"，其实在平时的唱歌与亲子游戏之中，也能得到相同的效果喔！

父母小帮手：

解决父母的难题！0~3岁幼儿常见问题

Q1：如何从小培养孩子的阅读兴趣？

A1：要想从小培养孩子的阅读兴趣，可以尝试以下方式：

1. 父母将书中的故事绘声绘色地讲给孩子听，亲子一起分享书中的情节、图画，共享亲子阅读时光。

2. 0~3岁的孩子因为年纪小，注意力比较不容易集中，经常会被其他事物吸引，不能专注于原本正在做的事情，因而阅读时间一长就会开始躁动不安。建议每次让孩子阅读的时间不宜过长，孩子不想阅读时，不要强制孩子读，以免让孩子对阅读产生不良情绪。

3. 用能播放音乐的"有声书"等引起孩子的兴趣，让孩子养成翻阅图书的习惯。

Q2：对于刚出生不久的宝宝，该如何和他们"共读"？

A2：对刚出生不久的宝宝来说，书主要是用来"听"的。父母可以抱着宝宝，让宝宝看到父母的脸和嘴型；运用不同的音调与频率说故事，观察宝宝的反应，并且给予反馈。即使宝宝睡着了，也还是可以继续和他"共读"，因为这个时期的孩子在清醒时和睡觉时的脑波相差不大。

Q3：什么书适合0~3岁的孩子呢？

A3：布书可以让孩子捏、咬、抓，脏了之后可以直接清洗，很适合四个月以内的孩子；厚纸板书较适合供年纪小、肌肉较不发达的孩子翻阅；塑胶书的防水功能、耐用特性可以让书籍保存很久，父母可以时常拿出来和孩子共同回味。

第二章

3~6岁的孩童：
轻声细语，随着孩子谈天说地

给幼儿园孩子父母的一句话：用故事训练孩子遵守规矩

　　天下无一处不是说故事的好地方，亲子间的各种互动都可以是说故事的好题材。用故事来教养幼儿期的孩子，重要的是态度与时机——时间一过，孩子可能就忘了，所以一定要把握当下！

大部分孩子从三岁开始就进入幼儿园就读，认识很多来自不同家庭的小朋友，接受过集体生活的训练。这个年龄层的孩子的身体、心理迅速发育、发展，好奇心也越来越强，喜欢问这问那，所以父母除了要花更多的心思陪伴孩子之外，更要扮演好"活百科"的角色，不厌其烦地替孩子解惑。其实，亲子的一问一答之间，正是引导孩子拥有正面思想的绝好时机。

幼儿园时期的孩子有很强的模仿能力，对于看到（听到）的新奇事物与词汇字句，不知分辨好坏，只是简单地边看（边听）边学，甚至认为自己会说"大人的话"是件很了不起的事。家长对此一定不可轻视，在孩子面前一定要谨言慎行。有些家长认为孩子年纪小，根本不懂那些话的意思，只是因为觉得好玩随便说说而已，没有什么需要担心的。其实不然。这个时期是孩子形成自己的个性的重要阶段。一旦孩子养成"口不择言"的习惯，要强制孩子张口说"好话"，就得下一番功夫了！当然，如果父母能利用这个年纪的孩子爱模仿的特点，让孩子看一些、听一些正面的例子，就会让孩子在潜移默化之中获得许多优秀的品质。

语言训练&道德教育，双管齐下

每次到幼儿园接送孩子时，我都会发现许多有趣的状况。比如：有的小朋友因为正和父母闹脾气，所以无论看到谁都不愿意打招呼；有的小朋友只和自己喜欢的同学打招呼，在楼梯间或者电梯里遇到"不那么熟"的朋友时，便会视而不见，或者干脆躲在父母的身后；放学时，有的小朋友看见来接自己回去的家长，一时兴奋，就会忘记和老师认真道别；还有一些小朋友初次看见同学的兄弟姐妹时，因为好奇，所以扯着嗓子大声问："谁？那个人是谁？"孩子们纯真无邪的表现，有时却会让陪同在旁的家长尴尬得额头上出现"三条线"。

父母都希望孩子懂礼貌。有时孩子有不礼貌的言行，一些父母就会觉得没有面子，因而厉声斥责孩子，让气氛很尴尬，也不一定能让孩子改正。用"说故事"的方式教育孩子，让孩子自己从故事中学会讲文明、懂礼貌，也许效果更好。

日本人对礼仪的重视让人印象深刻。他们不仅精心装扮孩子的外表，更是要求孩子脸上带着淡淡的笑容，尽量给人舒服的感觉，以表示对别人的尊重。我认识的一个日本幼儿园的老师就像魔术师一样，只通过几个动作或者几句话，就能轻轻松松地给孩子上一节"礼仪课"。以下就是我见过的几个例子。

小鸭子来上幼儿园

××君一早嘟着嘴走进幼儿园，明显是在闹情绪。

老师：××君，早安。

（小朋友正在发脾气，低着头，不看老师，也不听妈妈的劝导。）

老师：××君，你见过小鸭子吗？

（老师故意也嘟起嘴，学了几声鸭子叫。）

（小朋友抬起头，瞪着眼睛，很不爽地看老师在搞什么！）

老师：小鸭子刚才跟你说"早安"。

小朋友：没有小鸭子，老师乱说，刚才是老师发出的声音。

老师：有吗？我现在没嘟着嘴，不是鸭子，那××君呢？

小朋友：我也不是鸭子。

（小朋友赶紧收起嘟着的嘴唇。）

老师：是啊，××君最懂礼貌了。早安，××君。

（老师刻意弯下腰，恭敬地和小朋友打招呼。）

小朋友：老师，早安。

老师：我们今天去外面给小黄瓜浇水，还要上劳作课，接着上体操课——很忙碌的一天，一定要打起精神才可以喔。

小朋友：好忙喔——

（小朋友正脱下在室外穿的鞋，准备走进幼儿园。）

老师：你好像忘记什么了。

（老师轻声地提醒小朋友。）

（小朋友赶紧转身看长板凳上是否有自己落下的东西。）

（老师笑着指向××君的家长。）

（小朋友不情愿地看着站在幼儿园大门外的妈妈。）

老师：××君？

小朋友：妈妈，我进去了，再见。

门外的家长（露出安心的笑容）：小心慢走，加油！

老师（露出请家长放心的笑容）：××君的家长，再见。

多次亲眼看见类似状况的我，觉得这位老师特别厉害。她明明知道××君正在和母亲闹矛盾，却没有开口就问孩子或者家长"发生了什么事"，也没有命令或质疑孩子"怎么没跟老师说早安"，而是很自然地和孩子打招呼，用小孩子可以接受的方法让孩子暂且忘记心中的不悦，然后再要求孩子认真做到"打招呼，道早安"这件事。之后，老师有意告诉孩子当天上课的内容，让他心中有小小的期待，并且提醒他当天课程满满，带着不好的心情上课会很辛苦。最后，让孩子按照个人礼仪的基本要求跟站在幼儿园外正担心着的妈妈说"再见"。而在场的妈妈也懂得老师的用心，以爱的口吻与孩子告别，并且鼓励孩子加油。甚至其他细心的家长也附和着说"再见，加油"。××君因此心情转好，带着充满期待的、愉悦的心情展开新的一天。老师从头到尾都没有说教，也没有质问孩子，只是以身作则，让孩子学会尊敬师长，并做好"道早安"这样的个人礼仪。乍看之下，老师使用的方法或许有些搞笑。仔细深思，就会发现老师其实是十分严格的。孩子闹情绪时不一定要立即进行"热处理"，"冷冷地"放着不碰，只跟孩子"玩道理"，或许更能够让孩子理智地接受师长的教管。

好奇的小警察

放学后，等候接小朋友回去的家长所在的广场上出现陌生的大哥哥。

小朋友A：谁啊？那个人是谁？

小朋友B：老师，有奇怪的人！

小朋友C：好可怕，是坏人吗？

小朋友D：应该是谁的哥哥吧？

小朋友E：不是我的，我的哥哥还没下课。

小朋友F：那个人怎么可以来？

小朋友A：对啊，长那么高，已经不可以读幼儿园了，怎么可以来？

小朋友G：老师……老师……他到底是谁？

（老师和陌生的大哥哥打招呼，似乎老师已经知道对方的身份了。）

（原本排好队伍准备和老师一一击掌道别的小朋友乱成一团，高喊着"是谁"。）

（站在一旁接孩子的家长纷纷让自己的孩子安静一点，却反而惹得孩子更加兴奋地大叫。）

（陌生的大哥哥害羞地低下头，准备离开。）

老师：小朋友们，请安静一下，你们想知道那位大哥哥是谁吗？

小朋友（异口同声）：想！

老师：可是你们这么大声，语气又凶，会把大哥哥吓跑的。

小朋友A：才不会咧，他那么高，根本不会怕！

老师：喔？你们应该叫"大哥哥"，还是"他"呢？

小朋友（齐声说）：大哥哥。

老师：那看到大哥哥，应该说什么？

小朋友（争先恐后）：要说"你好"。

老师："大哥哥，你好"，然后呢？

小朋友（一些人）：你是谁？

小朋友（另一些人）：请问你是谁？

老师：两个说法都可以，但是哪一个比较好啊？

小朋友（争先恐后）：大哥哥，你好，请问你是谁？

老师：那我们一起来问一次吧。

小朋友（异口同声）：大哥哥，你好，请问你是谁？

这位陌生的大哥哥其实只是一个身高约1.4米的小学生。他是小班里某位小朋友的哥哥，以前也是这个幼儿园的学生，老师早就认识他。只是他很少到幼儿园来接弟弟放学，所以对于中班的孩子来说非常陌生。

老师知道，这个年纪的孩子难免会对没有见过的人、事、物产生好奇心，问话也可能比较直接，不懂得措辞，所以老师用"一问一答"的方式让孩子说出他们早已知道的基本的讲话礼仪，鼓励孩子尝试用比较和善的方法提出心里的疑问，而不是直接责备孩子"这样说话没礼貌"或者"小孩有耳无嘴"，让孩子不要乱说话。只用简单的几句"一问一答"，老师就教孩子学会了正确的讲话方式。

3~4岁的孩子会对新鲜的人、事、物感兴趣，师长在教孩子对人友善的同时也要提醒孩子学着保护自己。在发生这个"打招呼事件"的第二天，这位老师就和中班的同学分享了"小心，别乱开门"这个故事，告诉孩子们怎么分辨陌生人中的"好人"与"坏人"，以及应该如何应对。

因为有了前一天的真实教育，中班的孩子很快就明白了：有陌生人来访，首先要通知老师，只有有老师的陪同或者通过老师的介绍，才能与陌生人有进一步的对话；对于已经见过面的同学的家人，一定要有礼貌地打招呼。

经过那一次的"小警察盘问事件"，现在已升入大班的小朋友们不再粗鲁地对待初次见面的人了。这又是一个我亲眼所见的"不'说教'也能让孩子'受教'"的好故事。

没有疑问，怎能解惑

不知其他父母是否和我一样，曾经被孩子的"为什么"搞得筋疲力尽。孩子渐渐长大，他们感兴趣的事情也越来越多。许多事情对他们来说很新奇，相应地也给他们带来许多疑问。为了得到合理的解答，孩子们会不停地发问，如"妈妈，为什么男生站着尿尿，女生却要坐着？""为什么天空会下雨？"和"鱼在水里要如何呼吸？"等。

每次在我忙着做家务的时候，孩子就会在我身边不停地问"为什么"。

刚开始，我会忍不住发脾气："别再问我为什么了，好吗？"

"为什么不能问'为什么'？"孩子并没有注意到我铁青的脸色。

"不为什么。"

"'不为什么'是什么意思？是妈妈不知道答案？"

我板着脸，继续做厨房里的工作，也不正眼瞧孩子一眼。

孩子用伤心的口吻说："可是，我很想知道答案！这样不可以吗？"

这时，我才觉得自己可能伤了孩子的心，抑制了他们的求知欲。这让我自责不已。要让他们重拾强烈的好奇心，就要在花时间找答案的同时用更多的精力来安抚孩子的情绪。既然如此，还不如一开始接到"战帖"时，就坦白地回答："这个妈妈不知道，等一下我们一起来找答案。"或者"这个问题解答起来有些复杂，可不可以等妈妈忙完手上的工作之后再和你说？"

密歇根大学研究员伯蓝地·佛莱兹（Brandy Frazier）的研究报告表明：孩子在问"为什么"时，为了获得正确的答案，他们也会问自己相同的问题；孩子学习新事物时比我们想象的还要积极。

早在1900年，对儿童行为发展的研究认为：年纪小的孩子刚开始只知道两个事件在时间上的先后顺序，要等到七八岁时才能明白事件间的因果关系。然而，最新的研究指出，孩子在三岁的时候就能够分辨事件间的因果关系了。

小孩子的问题千奇百怪，他们无非是想要从这些问题中获得合理的答案。若是父母在回应孩子的问题之后继续引导他们思考其他问题，除了能加强亲子间的互动，还能激发孩子的创造力和思考能力。

耐心陪着寻找"为什么"，
激发孩子主动学习的能力

以我自身的经验来说，有时孩子提出的问题并非是我能力所及的，但是因为已经答应孩子会告诉他们答案，所以只好打开计算机，在网络上找答案。往往孩子知道一个问题的答案之后，又会联想到其他问题，便会一直问下去。

儿子在四岁时对各种动物的体积和身高感兴趣，偶尔还会用他自己的身体来比量，估计动物与他在身体大小上的差距。比如：大象有多大？多高？是几个我（我的几倍）呢？得知了大象的体积、身高之后，儿子又开始问猴子、长颈鹿、犀牛、老虎、斑马……几乎把他知道的动物全问了一遍。我们母子俩便坐在计算机前一个一个地查。而在查到马时，我不经意地说了一句"马的平均寿命大约是30岁"，之后儿子便开始问这些动物的平均寿命。虽然我觉得很烦，但是为了不破坏儿子的求知欲，便继续查下去。

要上床睡觉的时候，儿子问我"明天是否可以继续看计算机"。我点头答应之后，儿子开心地对我说"谢谢"，并主动准备睡前工作，然后领着他的妹妹上床睡觉。

接下来的几天，儿子不断地提出新问题，比如：各种交通工具的平均时速，哪种动物的速度比汽车快，哪些动物的速度比飞机还快……之后我发现，对于曾经查过的资料，我很快就忘记了，但是读幼儿园的儿子却记得很清楚。当遇见熟人时，他还会把我们查过的资料拿出来分享。

我发现有些父母总是让孩子多看书、少看电视，不让孩子打电子游戏，但是他们自己却整天盯着手机，下班之后一直盯着电视上的画面大笑，或是整晚都沉溺在网络游戏当中，对孩子的提问却时常抱着不理会的态度，甚至责问孩子"为什么不会自己找答案"。

其实，陪着孩子一起找答案，伴着孩子阅读他们喜欢的书籍，便是有利于孩子智力发展的最好的教养方式。孩子对某件事感兴趣时，正是他们"狂热渴求"相关知识的时候。孩子这时最需要的就是父母的支持与引导。当孩子的喜好受到肯定时，他们便会加倍地努力学习，他们的记忆力也会发挥最大功效。

只要我们为人父母的愿意花点时间，陪孩子一起探险，让孩子知道学习的乐趣，孩子便会逐渐养成主动学习的习惯。在孩子幼小的心灵里种下一粒乐于求知的种子，在孩子未来的求学过程中，这粒种子便会逐渐发芽，茁壮成长。到那时，家长也不需要整天跟在孩子的身后，唠叨个不停，费心逼迫孩子用功读书了。

在亲子共同"寻求真相"的过程中，亲子间的情感也会自然而然地加深。如果孩子知道父母和自己一样喜欢学习新知识，愿意花时间和精力找答案，在耳濡目染之下，孩子便能更容易地养成"主动解决问题"和"喜欢学习新知识"这两个好习惯。

巧用问句，引导孩子自省

"为什么"这三个字并不一定是孩子的"专利"，偶尔父母也可以"借来"用用，以引导孩子自省。

我的女儿性格倔强，在做错事时既不愿承认错误，也不愿意改正。于是，我想了这样一个办法：我发现女儿做错事时，不是当面指责她的错误，与她直接"杠上"，而是"装笨"，用提问的方式让女儿自己发现所错之处，然后让她自己主动改正。这样一来，我这个做妈妈的不需要和女儿吵得面红耳赤，也不用和女儿闹得很不开心，就能在比较平和的气氛下让女儿明白我说的话，改正自己的错误。

有一次，女儿和她的同学在花圃旁玩耍时发现有几只蚂蚁在泥土上爬来爬去。刚开始，小朋友们只是开心地大喊："蚂蚁，有蚂蚁！"有几个小孩儿还兴奋地跑来跑去。然后，不知道是哪个孩子开始伸出脚踩蚂蚁。之后，其他几个孩子也有样学样，都来"凑一脚"。蚂蚁吓得惊惶失措，伤亡惨重。我们这些在旁边聊天的妈妈发现孩子们正在"大开杀戒"时，立刻出口制止。但是那些孩子正玩心大起，并没有把大人的话听进去。直至我们提高分贝大吼，孩子们才"脚下留情"，将注意力转向其他地方。

跟朋友们告别之后，我牵着四岁的女儿，开口问道："刚才你和朋友们在玩什么？我看你们笑得很开心。"

"咦？妈妈，你不是就站在旁边吗？怎么会不知道？"

"喔，我和其他妈妈聊天聊得太开心，没有注意到。"

"蚂蚁啊！蚂蚁爬来爬去的。"女儿开心地回答。

"然后呢？"

"后来C同学就开始用脚跟踩蚂蚁，然后F同学开始用脚尖压蚂蚁……"

"那你呢？"

女儿似乎发现自己做了"不太妙的事"，说话也有些不流畅了。她突然停了几秒："大家都踩，所以……我……"

"你也踩蚂蚁了？"

"可是，我……我只是轻轻地踩了一下。"

"喔？！我不太懂，为什么你要踩努力工作的小蚂蚁？"

"不是只有我这样做！"

"可是……你喜欢被人踩吗？"

"……"

"上次你不是说，同学在上体操课时不小心踩到你的手，让你感觉很痛？难道被你踩的蚂蚁不会痛吗？"

"会痛。"

"所以该怎么办？"

"我们回去看看蚂蚁吧。"

女儿拉着我回到刚才她们玩耍时所在的花圃。在那里，我们看到一只蚂蚁的尸体。女儿说了十几声"对不起"才安心回家。

不久之后，女儿和她的同学们又在花圃旁玩耍，远远地我就听到女儿大声地对朋友喊着："不要欺负蚂蚁！它们会痛喔。"

这时，我松了一口气，因为一向固执、不听话的女儿终于能主动认识并改正自己的错误了。

问"为什么"不是孩子的专利，家长也可以适当地运用——搭配上温和的语气（注意！不是斥责的口吻），引导孩子说出心中的想法，再加以引导，让他们了解是非对错，形成正确的是非观。

其实，日常生活中的亲子对话也算是另一种"说故事"，一种不着痕迹的教养方式。

天马行空的童言童语暗藏玄机

经过多年的仔细观察，我发现幼儿园时期的孩童们的想象力非常丰富。比如：看到一种颜色，便能联想到十几种具有这种颜色的东西；仰头望见天上的一朵云，孩子们也能七嘴八舌地讨论着这朵云看起来到底像什么，一讲又是十几分钟……有时候甚至会让身边的大人们感觉孩子真的很吵："不就是天上的一小朵云吗，有什么可兴奋地讲个不停的？"

对已经长大、习惯"实事求是"的成年人来说，这些生活中的"花絮"确实是没有什么具体的意义，但若是我们这些大人愿意"放下身段"聆听孩子的话，或许就能从他们的言语中了解他们内心真正的想法。

一位名叫莉子的日本妈妈对我说过她家的小男孩儿曾经喜欢扮成狗，不愿意当人的真实故事。

　　在天津认识的这位莉子妈妈之前住在东京富裕的世田谷区，邻居们几乎都是"有头有脸"的人，社区里的孩子大多数就读于私立学校。

　　很年轻就当上妈妈的莉子，为了"配合"社区的习惯，将自己三岁的长子送入离家不远的私立贵族幼儿园就读。莉子的长子在班上年纪最小，个子也不高，表达能力也没有其他同学好，所以时常跟不上节拍，做什么事总是"吊车尾"，不得老师喜欢，三不五时还会被同学欺负。然而，因为年纪小，他并不懂得要将自己被欺负的事情告诉父母，所以回家也没说过。但是小男孩儿很不喜欢去上幼儿园，每次去幼儿园时都要闹上一阵子。那时，莉子妈妈只是以为儿子刚上幼儿园，还不习惯集体生活，过一段时间就会变好。

　　一个月后的某一天，小男孩儿回家后和莉子妈妈说，他不想当人，想当只狗。莉子妈妈问他原因，小男孩儿说老师和同学们都对幼儿园养的狗很友好，而且老师一直告诉小朋友们要爱护狗狗，千万不可以踢打它，也不能对它大声吼叫。

　　莉子妈妈起初认为小男孩儿是在叙述老师教导他们要爱护动物一事，再加上小男孩儿本身就对动物感兴趣，所以才会这样"有感而发"。

　　可是又过了一段时间，小男孩儿不只嘴上这么说，偶尔还会坚持要和狗一样，手脚并用地在地上爬走，连吃饭时也不愿意坐在餐桌旁，继而不愿意背书包去上学，甚至要求妈妈拿一条绳子绑在他的脖子上。

　　莉子妈妈这时候才感到事情或许不如她想象的那样简单，于是她试着向幼儿园的老师了解情况。老师说小男孩儿总是吵着要当小狗，并且在教室里学狗叫、狗爬，让园方很困扰，甚至希望莉子妈妈帮儿子办停学，等到孩子能够自立自律、适应集体生活之后，再回来上课。

莉子妈妈很伤心，只好将儿子带回家。在和丈夫商量之后，他们决定带儿子去找心理专家治疗。经过心理专家的观察、解读，莉子妈妈终于明白，三岁的儿子要扮成小狗是因为他认为只要他当了狗，老师和同学们就会对他好，不会找他出气，同学们也不会再故意踢他、打他了。

尽管莉子妈妈的长子现在已经是初中一年级的大男生了，但莉子妈妈每次回想起这件事，都觉得很自责。莉子妈妈总是告诉我们这些"晚辈妈妈"，千万不要以为孩子年纪小，心里没有烦恼，更不可以因为孩子不能把话讲清楚，就不理会。其实，孩子每次说的话都是要表达某些意思。家长只要愿意聆听，肯定能听出孩子的话中之意。

亲子沟通，情感＞语言

莉子妈妈的故事不禁让我想起，我曾好几次对年纪尚小的儿子或者女儿说："你在说什么啊？我真的听不懂。可以不要再说了吗？"孩子为了告诉我一件他们认为很重要的事情，不厌其烦地重复讲了三四次，可是我却回一句"听不懂"，要他们闭上嘴巴，我真的是个很差劲的妈妈！

其实孩子在主动和我们分享生活中的点滴时，有时是需要我们的肯定、赞美，有时却是求助或者咨询。如果家长能够好好地把握这个机会，必定能事半功倍地将孩子引导到一个正确的方向。

孩子对我们述说幼儿园或者托儿所里所发生的事情时，也是训练他们的语言组织能力与逻辑思维能力的最佳时机。四五岁的孩子有时根本记不清哪件事是发生在什么时候。他们一打开话匣子就噼里啪啦地说一堆，甚至有时会把上个星期的事和当天的事混在一起。若是家长能用聊天式的口吻引导孩子，帮孩子想起他之前说过的话，这时，孩子就会在脑海里重新整理画面，从而发现对话中的错误。比如，在孩子叙述完采草莓的事情后问孩子："嗯？我知道你上周五采过草莓，今天下雨，老师也让你们去果园采草莓了吗？"孩子可能就会想起上星期五自己所说过的话，并发现叙述中的错误。如果家长能帮助孩子把从上个星期五到当天为止做过的事大概地回想一遍，孩子便能从中更清楚地学习到时间的差异性，以及如何将一件事或者很多件事说得让别人更容易听懂。

相反，若家长一开口就批评："啊！你怎么这么笨，上周五不是才去采过草莓吗？今天又去，怎么可能？况且今早下大雨，老师怎么会让你们去果园？"原本开开心心和家长分享的孩子，听到大人以责骂的口吻来回应，肯定会感到伤心。被说几次之后，孩子便会渐渐地失去分享心事的意愿。等孩子到了青少年时期，家长才发现事情的严重性，再强迫或者央求孩子与自己沟通，必定需要花上好几倍的时间和精力，而且还不一定能成功。

父母若是从孩子小时候起就乐于当一位用心的倾听者，以尊重的态度来回应孩子想表达的东西，让孩子知道父母是值得信赖的人，孩子便会更愿意与父母沟通，也更愿意接受父母的意见和建议。时空改变，沉淀在心里的那份安全感却是不容易消退的。

看似平凡的日常对话，句句都是"教义"

有些父母会问："孩子才上幼儿园，懂得的事情不多，要怎么和他们聊天？"其实与孩子对话一点也不难，只要从最简单的食衣住行、每天的生活作息聊起就可以了。

家长可以对孩子说自己当天在公司上班的情况、吃午餐的情况，甚至可以说通勤时看见了哪些人、事、物。要试着用比较正面的态度来叙述，即使有不开心的事情，也不要在孩子面前用不好的字眼抱怨。

孩子很容易受到父母情绪的影响，也很容易模仿父母，所以家长要格外注意自己在叙述一件事情时的面部表情与措辞。比如，一位父亲回到家中，告诉自己的家人："今天很倒霉，不小心闯了一个红灯，被吃饱没事干、只会找麻烦的警察拦了下来，开了一张罚单，真是越想越气，×！"

试问站在这位父亲身旁的小孩儿会有什么样的想法？闯红灯没有

错？运气不好才会被无聊的警察逮到？做错事受罚，心情不好，可以骂脏话？

当然，我相信这位父亲没有要误导孩子的意思，只是在发泄自己的情绪。但是，孩子的模仿能力如同海绵一般，只要轻轻一沾，便会将父母的言行吸入脑海里。这位父亲应该用比较客观的态度叙述，承认闯红灯是不对的，并表示虽然不愿意拿到罚单，但是做错事就要勇于承担责任。

一样的状况，不一样的说法，带给孩子的影响也不同。父母偶尔也会做错事，如果父母能在认识、改正错误的过程中以身作则，就会为孩子立下好的标竿，成为孩子学习的榜样。

孩子和父母说在学校里看到、听到或是亲身经历的一些事情时，对于孩子不该效仿或是需要改进的方面，父母也要用比较婉转的方式和孩子沟通。只要家长尽量避免用责备的口吻对孩子说话，大多数孩子都能将父母的嘱咐、教导放在心里。若是事情比较复杂，比如，孩子在幼儿园动手打小朋友等，建议父母在近期一段时间内，换用不同的说法，针对打人这个话题，不断地提醒孩子这是个错误的行为，好孩子是不会这样做的。

在亲子聊天时，父母对事情的态度、思想、观念等会对孩子产生不容忽视的影响。要教育孩子成长为有德行的人，即使是在小事上，父母也要做孩子正面的榜样。教义不只是说给孩子听的，更是需要父母做给孩子看的。

孩子的坚持，需要家长的耐心和鼓励

孩子通常不能将自己对某些事物的热情保持相对稳定的一段时间，在面对挫折时也可能没有坚持下去的毅力和勇气。比如，许多孩子在刚开始学钢琴时都怀着满腔热情，每天认真练习，还梦想着将来成为一名钢琴家。然而，过了一段时间，需要学习的曲子越来越难，孩子的琴艺可能会遇到瓶颈，又因为老师的要求越来越严格，那种新鲜感也已经过去了，所以孩子练琴的热情越来越低，甚至想要放弃。这时，一些父母会对孩子说："钢琴都已经买了，怎么可以说不学就不学了？"这种简单粗暴的方式只会让孩子更将练琴视为痛苦的事，而不是一种快乐的享受，当然也不会把琴练好了。

要有始有终地坚持做好一件事，是需要智慧和强大的毅力来支撑的。当孩子想要放弃时，家长不仅要告诉孩子"有志者事竟成"，给予孩子积极的鼓励和无限的爱意，还要帮助孩子进行理智的分析，想办法解决问题。在练琴这件事上，如果孩子其实是喜欢弹琴的，只是因为一时遇到挫折而想要放弃，父母可以和老师沟通，帮孩子安排更合理的练琴时间、使用更适合孩子的教学方式；如果孩子不喜欢弹琴，父母也不要勉强孩子，否则不仅不能让孩子练好琴，还可能会对亲子关系产生不良影响。父母也可以给孩子讲一些通过坚持不懈的努力获得成功的故事等。

孩子的毅力和勇气需要父母耐心地培育。

玩"扮家家酒"，代替体罚

自从当上妈妈之后，便常有人问我："孩子做错事，你会打孩子吗？"

基本上我倾向于不对孩子使用暴力。3~5岁的孩子是可以分辨对与错的，所以当他们犯错时，我会及时纠正他们，并且告诉他们错在哪里，然后告诉他们要避免重蹈覆辙。但是对于这个年纪的孩童来说，"不二过"很难做到。孩子们总是会不小心犯同样的错误。有二就有三，有时孩子竟会就此养成一个坏习惯。然而，每次在孩子做错事后对孩子发脾气，甚至打孩子，就能达到"根治"的效果吗？

以我的经验来说，家长对孩子的处罚与责骂往往不能起到根治坏习惯的作用。凡事都有因果。与其让孩子面对做错事所得到的"果"，不如让他们将注意力集中在"因"上。在孩子采取行动之前，就先让他们明白是非对错以及自己的行为可能产生的后果。忙碌的家长不可能24小时盯着孩子，不断地在孩子的耳边叮咛、提醒，但是为了让孩子不轻易重复犯错，家长可以三不五时地扮演"医生"，帮自己的孩子注射"不二过预防针"。这不是真的让父母帮孩子注射药品，而是让父母陪伴年纪尚小的孩子玩"扮家家酒"。通过角色扮演，父母一边和孩子玩，一边和孩子"确认"哪些事是可以做的，哪些事是不该做的。将"教条"转化为游戏规则，不用斥喝、咆哮，也没有哭叫声，在欢乐的笑声中，就纠正了孩子的不良习惯，帮助孩子形成良好的性格。

我在陪伴孩子们玩"扮扮家酒"时，偶尔会故意扮演一个不怎么听话的孩子，将平常儿子或女儿的坏脾气、不好的习惯掺杂在我的角色里，让扮演爸爸或妈妈的儿子或女儿伤脑筋。当他们在游戏间责怪我时，我便会耍赖说："我是学某某小朋友的，他就是这样做的。"

比如，和女儿玩"扮家家酒"时，偶尔我会演一个爱哭的小女生，动不动就哭哭啼啼地发"公主脾气"。扮演妈妈的女儿就会很生气，可是我故意越闹越凶。这时女儿会生气地对我说："妈妈都是不哭的，而且很乖！"

"我现在不是妈妈，我是家里的妹妹，所以我可以只要不高兴就哭。"

"不行！"女儿很坚决地反对。

"可是，有的人每天都是这样闹来闹去的……我是学她的。"我故意这样对平常很爱哭的女儿说。

"不可以，这样不乖。"

"呜……呜……呜……"我又假装哭了两声。

"不要哭！"扮演妈妈的女儿又下了命令。

"呜……那要怎么办？我现在是小妹妹，什么都不会。呜……"

扮演妈妈的女儿只好认真地教导我："这样哭闹是不对的……"

每次游戏快要结束的时候，我都会再一次将当天表演的"错误行为"拿出来和女儿一起复习，并且让她再次告诉我不可以养成哪些坏习惯，比如，不可以随便发脾气等。这样，在现实生活中，当女儿要发脾气时，我便会稍稍提一下玩"扮家家酒"时的对话，这时女儿即使心有不甘，也只能停止吵闹，因为毕竟"规矩"是她自己定的。

曾经有朋友嘲笑我是个很有心机的妈妈，连和孩子玩"扮家家酒"都会想着怎么对孩子设计"陷阱"。其实我并不是想和孩子耍花招，只是觉得在孩子做错事后，才急着让孩子改正，对孩子动怒、发脾气，不仅会伤害亲子之间的感情，也不一定有什么改善效果，所以才出此"上策"。

"预防重于治疗"这句老话真的有道理，在对付小孩儿的坏毛病时，功效还真是不小！

深耕良知良能的好时机

好习惯是在日常生活里养成的。3~6岁的孩子已经懂得是非对错，也能开始适应集体生活，所以这是训练孩子遵守规矩、养成好习惯的一个重要阶段。

三岁的孩子对很多事情仍然是懵懵懂懂的，所以需要在大人的引导下慢慢养成好习惯，比如，上完厕所应该冲水，与人沟通时应该有耐心、懂礼貌等。这个阶段的孩子或许对大人为什么这么要求仍然不是很明白，孩子们只知道：若是不这么照着做，老师会生气，爸妈会不高兴，或者跟着大家做就对了！家长带着孩子朝正面的生活方式迈进时需要多一些耐心，慢慢地让孩子理解什么是对的、什么是错的。

等到四岁的时候，孩子们便会不断地提出疑问。对于每一件事情或每一个动作，他们都会想知道原因。譬如，为什么把碗里的饭吃光就是懂得珍惜？为什么生病不能不吃药？四岁的孩子想要寻求原因，而不是只"听命令办事"。父母可以趁着这个时机将要求孩子应具有的优良品德以一种比较简单轻松的方式告诉给孩子。当孩子质疑大人的解释时，不代表孩子叛逆、向大人挑衅，他们只是还不明白其中的含义。家长可以换种方式解释，比如，设计一个情境，让孩子亲身体验，慢慢理解大人的话。或许孩子仍然不清楚，这时父母也不要着急，要相信孩子在尊重与爱的环境中成长，总有一天会想通许多道理。这个阶段的孩子，需要的并不只是语言的解说，还有父母更多的陪伴。

五岁的孩子在思想与行动上更加成熟，他们会开始思考大人话中的含义，观察周围的亲戚、朋友的言行，甚至会审思大人所说的话是否合常理、是否对自己有利等。家长若是能以身作则、言行一致，并且能适当地称赞孩子的优良表现，孩子便可能逐渐养成好习惯。

相信每一对父母都不喜欢整天对孩子是否能遵守规矩精神紧张，也不愿意因为孩子的一个小小差错就对孩子发脾气，使亲子共处的时间处于不愉快的气氛中。雕塑孩子的好性格、好习惯是有时间性的，孩子愿意发问、主动思考的幼儿期就是最好的时机。

大人千万不要以为这么小的孩子有一些坏习惯也没关系，认为孩子长大之后就会改正。实际上，养成好习惯不容易，而要改正坏习惯更是难上加难。聪明的父母不妨多花点时间，耍点"小手段"，变点小戏法，说说小故事，让孩子耳濡目染，使其将所有"好的"方面一点一点地吸收进去，同时逐渐地改正"不好"的方面。

给幼儿园孩子父母的一句话：
用故事训练孩子遵守规矩

好习惯会成为孩子人格特质的养分、孩子生命的一部分。训练孩子遵守规矩是帮助孩子养成好习惯的重要内容，也是一项看起来简单、施行起来却很复杂的任务。幼儿园时期的孩子如同白纸般纯净，这时也是训练孩子遵守规矩、养成好习惯的最好时机。

幼儿园时期的孩子开始渐渐明白事理，语言字汇也比婴儿时期丰富，这意味着大人可以比较容易地和孩子沟通，用寓教于乐的方式训练孩子遵守规矩。沟通的方式应是多元化的，不只是和孩子说话，还可以与孩子一起阅读、玩游戏、唱歌、观赏卡通片，甚至可以一起上超市买菜时将路途中所看见的人、事、物编成故事，教导孩子形成正确的观念、养成良好的习惯。

孩子有时会不理解父母的要求，这时若是大人能用一种既合理又富有娱乐性的解读方式告诉孩子为什么要遵守某项规矩，让孩子明白偏差行为可能会导致的不良后果，孩子就会相对比较容易地听父母的话。

其实，最好的教养方式是身教，即父母以身作则，在与孩子的互动中利用多元化的方式教导孩子形成良好的观念。幼儿园的小朋友对父母等长辈的依赖感仍然很强，孩子们喜欢在与长辈的互动中学习。孩子们需要的是爱与尊重下的教导，而不是大人的打骂或者一味的命令。

我每次经过玩具店时，总是会看见一两个正在耍赖、哭闹，吵着要买玩具的小孩儿，和气愤、尴尬、不知所措的家长。而我最常听到这些生气的家长对孩子说的话就是："没有钱，怎么买？"有钱就会买吗？相信有一半以上的家长仍然不会买，因为有没有钱并不是真正的原因。家长可能会认为告诉孩子"爸爸觉得你不需要这个玩具"或是"今天我们不是来买玩具的"这种诚实的说法反而会让孩子更吵闹，更不接受父母不给买玩具这件事，于是就拿钱这种"冷冰冰的东西"来搪塞孩子。

其实，就算是三五岁的孩子，心里也明白：爸妈口袋里有钱，只是不愿意买玩具而已。哭闹只是孩子和父母过招，看看谁先输阵，如果爸妈忍受不了，就会掏钱买玩具了事！

每次我想到这里，不禁暗自偷笑：父母自以为聪明，却没想到"青出于蓝而更胜于蓝"，孩子们也不是"省油的灯"。老实说，我也曾经拿"没钱"这句话对付过孩子，只可惜一出口，就被孩子回嘴一击："妈妈不是没钱，是我们今天不能买玩具吧？"我当时感到很羞愧，孩子竟然一语道破我的谎言。自此开始，我明白即使对三岁的孩子也不能说谎，要用诚实、尊重的态度与他们对话，比如，告诉孩子要爱惜旧物、不浪费的道理。父母不能因为嫌麻烦而用谎话敷衍自己的孩子，否则就是失败的身教！

用故事教导幼儿期的孩子时，父母不要认为必须先选几本好书，才能开始给孩子讲故事、教孩子，其实生活中的每一分、每一秒都有故事在发生。用讲故事的方式教导孩子，时间点很重要，时间一过，孩子可能就忘了，所以一定要把握当下。

父母小帮手：

解决父母的难题！3~6岁幼儿常见问题

Q1：孩子刚上幼儿园时哭闹不停，这该怎么办？

A1：父母可以在孩子上幼儿园前，和孩子说一些上幼儿园的益处，比如，可以和很多小朋友玩等，让孩子觉得幼儿园很有趣。孩子刚上幼儿园、到了一个新环境时可能会产生"分离焦虑"。这时，爸爸妈妈要注意的是自己有没有因为孩子的不安而显得更加焦躁，因为爸爸妈妈的反应会影响孩子的情绪。在孩子与父母"难舍难分"的时候，要"酷酷地"安心离去反而更好，但是一定要先告诉孩子放学时会去接他，否则孩子可能会产生恐惧感，自此越发地不喜欢上幼儿园了。父母要经常与孩子、幼儿园的老师沟通，了解孩子在幼儿园的情况，帮助孩子习惯幼儿园的环境。

Q2：如何培养孩子的责任感?

A2：要培养孩子的责任感，建议父母给孩子分配一些其能力所及的家务，并且在他完成时给予鼓励，比如，让孩子不随手乱扔玩具，将东西收纳好。时间一久，孩子就会觉得那些家务是自己分内的事，应该做好，也会慢慢形成责任感。

Q3：孩子不擅长与成人沟通怎么办?

A3：孩子不擅长与成人沟通，可能有许多原因：或许孩子在回答成人问的问题时感觉到成人给予的压迫感，或是孩子曾经被成人用带有负面情绪的口吻提问，因此不愿敞开心扉……父母可以先了解原因，再对症施治。例如：在孩子被成人问的问题弄得精神紧张时帮他舒缓情绪，让孩子因为觉得有成人与他"同一阵线"而感到安心；或是时常用一种轻松的方式和孩子聊天，让孩子感到和成人聊天也可以是一件轻松愉快的事。

第三章

小学阶段的孩子：
全心全意，陪着孩子体验人生

给小学生父母的一句话：用故事教导孩子明白是非

孩子越大，父母越需要花时间和精力与孩子沟通。父母在与孩子沟通时必须有技巧，既让孩子听懂、接受，又不伤孩子的自尊心——说故事就是最好的方式。

小学阶段的孩子的阅读能力和吸收外界信息的能力，与幼儿时期相比进步了很多。这个时期的孩子对媒体上的各种言论、老师和同学的看法，开始有自己的判断和偏好，不再完全依赖家长或者模仿其他人。

孩子长大了，"权威式"的管教方法就不一定像孩子小时候那么有效了，甚至可能引起孩子的反感。应采取什么样的方式来教育这个年龄段的孩子？什么时候与孩子沟通效果最好？哪些决定应该由大人来做？哪些事情该由孩子自己尝试？在放手的同时，父母又该以什么样的方式和态度来保护自己的孩子？收放之间的取舍，对父母来说，是一项相当不容易的课题。

小学阶段的孩子不再像幼儿园时期的孩子那样时常需要依赖父母。随着课业与课外活动的增加，小学阶段的孩子与父母独处的时间或许不如小时候多，所以家长更应该把握和孩子相处的时间，与孩子进行心灵沟通。孩子有自己的主见，能用语言或者表情来表达自己的情绪，是一件值得高兴的事。与其担心孩子会"不受控制"或者孩子"不再需要父母"等问题，不如仔细地聆听孩子想表达什么，试着从孩子的角度看事情，用爱和理解陪伴孩子成长。

只守护，不否定

小学阶段，孩子家长是很辛苦的：不仅需要注意孩子的课业，还要明白孩子的优缺点；不但要勇敢放手让孩子独立，还要了解孩子的生活圈。这个时期，孩子父母必须时常小心翼翼地注意孩子的言行是否有偏差、有没有犯错。

这个年龄层的孩子虽然还未能完全脱离家庭独立生活，对父母仍有依赖感，但已经有很强的独立意识和自己做事情的方式。当家长的不要急着否定孩子的想法与做法，而是要给予孩子一定的肯定与信任。连大人都有可能做错误的决定，或者绕了冤枉路才达到目标，更何况是年纪不大的小学生呢？当父母的也不要总是认为孩子年纪小，不肯让孩子尝试，等孩子长大了又骂孩子没有担当。

因为每个家庭的环境不同，孩子的特质也不一样，所以父母放手的时机也不是统一的。在面对这个年纪的孩子时，家长能做的就是加强道德教育，尽可能地让孩子明白是非，引导孩子形成正面、积极的思想观念，为孩子建立正确的人生观奠定重要的基础。

幼儿时期的孩子的父母是将"善的种子"植入孩子的心里，而小学阶段的孩子的爸妈们则是守护"善的种子"发出的芽，借着大自然的洗礼，让芽儿茁壮成长，有朝一日成为屹立不倒的大树。这其中，孩子接触到的人、事、物以及思想、知识、观念，就是所谓的"大自然"，如何借此让孩子明白事理，就是孩子读小学时父母的职责。过多的批评与说教不利于孩子健康成长。如果父母能找出适合自己孩子的栽培方法，善于利用身边的资源细心地指点孩子，用爱与时间来呵护孩子，孩子慢慢就能懂得父母的心意，听从父母的教导，平安快乐地成长。

小学暑假作业，拉近亲子关系

读书，特别是阅读一本好书，能让我们开阔视野，丰富阅历，净化心灵，为人生添加许多色彩。

西方近代教育理论的奠基者、捷克教育家约翰·阿摩司·夸美纽斯（John Amos Comenius）曾说过："书籍是培植智慧的工具。"一本好书如同一盏明灯，可以帮助我们看得更远、更清晰。北宋诗人黄庭坚也说过："三日不读书，便觉言语无味，面目可憎。"

不只是古时候的学者，现在各国的名人也一致认为阅读是一个好习惯，并鼓励亲子共读——一方面培养孩子的阅读能力，一方面加深亲子间的感情。

天津的日本人学校顺应潮流，将亲子共读列入暑假作业之中。每年放暑假之前，各个年级的学生在老师的带领下，前往学校的图书室，每人借阅五本书。老师一般会看一下同学们借阅的书是否适合写心得报告，但是不会硬性规定孩子选哪一种类型的书。孩子们也很懂事，一般会借阅三四本能用于写心得报告的书和一两本自己喜欢的漫画或者百科图鉴。

老师会给每一位学生发一张暑假阅读表，上面有一段话是给家长看的，大概的意思是校方希望家长能在暑假陪同孩子一起至少读五本书，然后让孩子选出其中一本最感兴趣的写心得报告、画图（低年级）。

这张暑假阅读表上标记着四种阅读方式：（1）孩子自己阅读，然后把故事内容说给家长听；（2）家长念故事给孩子听；（3）家长和孩子以接力的方式，轮流交替地把故事念完；（4）孩子独自阅读，然后和家长分享对故事的感想。

孩子们需要在这张阅读表格上写下阅读的日期、书名，还有阅读方式。虽然表格上没有要求家长签名，但是每一位妈妈都很认真、诚实地陪同孩子完成了这项作业。

校方之所以设计这样的作业，是希望父母通过亲子阅读亲近孩子，了解孩子的想法，与孩子分享彼此的心情。孩子的父母都觉得亲子共读这项暑假作业非常温馨、有意义。

亲子共读，讲究爱的氛围

对于亲子共读，我认为要讲究的是气氛，而不是阅读的时间与所读的书的数量。有些家长为了做好亲子共读，每天都坚持念故事给孩子听。这样的父母真的对孩子很用心。但是，父母给孩子读故事，也要考虑孩子的状态、选择合适的时间，因为有时孩子并不想听故事：孩子或许想和家长分享学校的趣事，或者只是想一个人静静地思考……在这种情况下，如果家长仍然坚持要读故事，孩子也只是勉勉强强地听，效果能好吗？

暑假大约有一个月，亲子一起读五本书并不算多，可是每天在固定的时间读一本或两本书，那可是不少。亲子共读是一种很好的教育孩子的方式，但是如果成为硬性规定，结果就会变质。亲子共读，不只是让孩子获得知识，更要让孩子感受到和父母一起阅读时的乐趣。在舒适、快乐的环境下共同学习才会有效率，不是吗？

　　小学高年级的孩子大多数都有自行阅读的能力，所以家长可以用另一种方式来鼓励孩子阅读，陪伴孩子成长，那就是让孩子把读过的内容说给家长听。这不仅能够训练孩子的语言表达能力、逻辑思维能力、独立思考能力，还能让父母从孩子的口中听出孩子内心的想法。父母可以通过"听后心得"，利用孩子口中的故事让孩子改正一些坏习惯，引导孩子形成正确的观念。书籍可以成为父母教导子女的"万用工具"。

　　家长可以购买图书送给孩子，也可以从图书馆借书。能利用书中的智慧"与孩子过招"的父母，才是聪明的父母；能巧用亲子共读的时光传达关爱的父母，才是真正懂得如何爱孩子的好父母。

不强迫孩子写日记，先当孩子的"文友"

训练孩子写日记，与让孩子写读书心得报告有异曲同工之妙。但是，大部分孩子都对固定每天写一篇文章没有兴趣，就算是愿意写的孩子偶尔也会抱怨：每天都过着差不多一样的生活，能写的题材都写过了，不知道还能写些什么。其实，一天24小时，孩子每天大约有14~16个小时的活动时间，即使照表操课过日子，心情与想法每天也都会有所不同。

家长可以以身作则，与孩子一起，每天、一周两次或者一周一次，甚至一个月一次，将自己认为有趣或者值得纪念的事情写成文章，也可以与孩子交换日记，或者在孩子的文字后留下一小段感想（需要尊重孩子的意见，不能勉强孩子）。以这样的方式来做亲子对谈，不仅能拉近亲子关系，还能帮助孩子提升写作能力，让孩子形成敏锐的观察力和感受力。

　　记得在我读小学三年级的时候，工作繁忙的父亲为了加强我和弟弟的写作能力和意志力，要求我们每天在睡觉之前写一篇日记放在书桌上。第二天起床之后，我总是满心欢喜地阅读前一天晚归的父亲用红笔修正的错字、词句，还有他写的评语。年仅九岁的我认得的汉字不多，父亲就在他认为我看不懂的字的旁边加上注音。

　　当时的我并不排斥写日记，只是因为贪玩，一天写一篇成了一周写一篇……写日记的次数愈加递减。现在，写日记已成为我们儿时的回忆，曾经与父亲做"文友"的时光也成为我人生中的美好记忆。当时父亲和我们共处的时间不多，但是我们能够从父亲鼓励的字句中感受到父亲的关爱。

精心设计，让孩子和父母有话说

父母都想通过与孩子的沟通了解孩子的思想、需要，从而对症施治，对孩子进行正确的引导和帮助。但是，有的孩子不善于表达自己的感情，有的孩子则因为年纪小而不能有条理地说清一件事……其实，亲子或许可以通过文字来表达自己的心声——这也是一种浪漫的教养方式，因为一字一语都记录着父母深厚的爱意，也写下了孩子的纯真时光。

有些父母会问：要孩子写多少字？家长又该回应多少字呢？老实说，我个人认为字数并不是重点，重要的是有没有将想表达的东西说出来，孩子是否用心体验生活了，家长有没有从孩子的文字中嗅出孩子的思想、情绪等。

儿子读小学一年级时，班主任老师除了让孩子练习写"绘图日记"之外，还训练他们写"极短篇日记"，标题叫作《先生，あのね~》，译为中文是《老师，那个……》，意思就是有话和老师说。日记的篇幅可长可短，只要把事情讲清楚即可。

儿子上小学二年级时，换了班主任老师，这项作业也跟着结束了。但是，一位非常用心的日本妈妈将《先生，あのね～》改成《お母さん，あのね～》（《妈妈，那个……》），并精心准备了各式各样的短信笺，让儿子每天写下一两句想对她说的话。我们很佩服她的耐心与毅力。她告诉我们，儿子是班上年纪最小的孩子，时常记不清学校发生的事情，一问三不知。自从使用了这种沟通方式，她的孩子每天至少可以记得一两件自己认为有必要放在心里的事，而她也有更多和孩子聊天的话题了。

孩子在成长过程中需要父母的用心陪伴，而上面的故事就是一个好例子。如果孩子愿意说出在学校做了什么、在学校的所见所闻，家长也就会比较容易地了解孩子的情况。家长越了解孩子在学校的生活，越有机会帮助孩子解决课业、交友、与师长沟通等方面的困扰，而不是等校方通知或者出现更严重的状况时，才出面紧急处理。孩子需要的不是"灭火队型"的爸妈，而是能随时随地关心他们、又不给他们过多压力的"辅导型"父母。如果父母也能与孩子分享职场中的事或者当天所见的事，不仅能增加亲子对话的时间，还能与孩子彼此关怀、打气，让孩子懂得家的凝聚感和家人之间的关爱。

父母是最好的运动教练

与孩子沟通，不是只限于给孩子念故事。和孩子一起运动、相偕出游、观看电影，甚至逛超市，都能够与孩子做心灵沟通，教导孩子如何看待这个世界。

比如，和孩子一起做球类运动或者参加一些运动竞赛，通过在运动中的互动告诉孩子什么是运动精神：要全力争胜，也要遵守比赛规则，公平竞争；胜败乃兵家常事，要胜不骄、败不馁；比赛的输赢固然重要，但是奋斗的过程、顽强拼搏的精神更值得看重；要有合作精神，也要懂得尊重对方队员……

家长以一个玩伴的立场与孩子一起分析状况，或者用一些著名运动员的故事、经验告诉孩子，技术与规则对任何运动项目来说都很重要，但是选手的心念与态度也对一场比赛的成败起着至关重要的作用。要教导孩子如何赢得精彩，也要让他们明白什么叫作"输得有意义"——勇于面对挫折，用智慧与坚持获得比赛的胜利。

对于孩子生理和心理上的成长，父母就是最好的运动教练。

一花一草一木，父母是美的导师

每逢季节变化，天津的日本人学校就会出现名为"寻找春天（夏天、秋天、冬天）"的特色课程，让孩子到户外观察植物、动物是否随着季节的变化而有所不同。校方鼓励孩子用眼、耳、鼻、舌、身和意来观看、聆听、闻嗅、品尝、触摸和感受周围的景色、生物。

校方会让孩子从观察到的动植物中选择四项记录在特制的表格上。除此之外，虽然没有硬性规定，老师还是希望家长能陪同孩子一起完成这项功课。

以我自己的经验来说，陪伴孩子走向户外，探索大自然，在芬多精的包围下，一起放松心情，既会增强孩子的观察能力，也会增强孩子对美的感受力。

孩子对事物的专注性不如成人持久。尽管有功课的压力，但过了一会儿，孩子就会渐渐将注意力从观察动植物转移到玩乐上。比如，我带着一双儿女在大自然中观察各种植物，但是约莫过了半个小时，儿子和女儿就开始追逐嬉戏起来。起初一两次，我感到很愤怒，认为自己拿着相机，拼命地找寻、记录，可是"少爷"和"小姐"却在一旁玩得不亦乐乎，让我这个"老妈子"干着急。后来，我发现一味地生气只能让自己变老的速度加快，却不能让孩子明白应该怎么做。于是，我决定以身作则，将这个作业当作自己的工作，并且表现出觉得好玩、有趣的样子。每当我发现一种新的植物时，便会欣喜若狂地喊孩子们过来用手触摸，并且自己先闻闻这种植物的味道，说出对这朵花或者这棵树的感觉，然后邀请孩子也一起来试试看。七岁多的儿子逐渐被我兴奋、好奇的表情吸引，开始模仿我的观察方式，说出自己的想法。我一看儿子"上钩了"，便进一步让他拿出纸笔，与他一起画下观察到的生物的简单素描，并且稍微做些文字记录。

四岁的女儿不是很懂得我们在做什么，但她看哥哥和妈妈玩得很开心，就也拿出纸笔，随我们一起捏捏、压压、看看，甚至舔舔花瓣，边哼着歌边蹲在一旁胡乱涂鸦。

结束了约莫一个小时的踏青，我们母子三人开开心心地踏上归程。沿着路途，我们仍继续观察，继续讨论，反复使用"五官感验"来感受周边的一草一木、一虫一鸟。

儿子将完成的作业带到学校之后，受到老师的表扬和同学的赞赏，还被称为"观察名人"，这让他非常开心。

通过一起完成这个作业，我和孩子都了解到大自然的奥妙，学习了不少关于动植物的知识，对于美则更有一番全新的体验。

讲实在话，我对自然科学和画画并不拿手，甚至有些排斥。但是在陪着孩子一起做作业的过程中，我放下成见，用一种愉悦的心情来面对，孩子也会被这种气氛感染，增强学习的欲望。

儿子和我从这项作业中得到的最大收获，并不是学校师生的赞誉，而是明白了：在做自己不太喜欢的工作时，如果能先摒除成见、用心面对，态度的改变就会使心态也跟着变好，结果自然就不会差。

引导孩子拥有积极、正面的处事态度，他们便会发现世界是多么精彩、美丽！

教会孩子人际交往，父母是最好的启蒙老师

有经验的父母应该会发现，孩子并不是在成长为青少年后才开始重视同侪的——强烈地想要获得朋友的认同感，想要拥有自己所属的团体——其实小学阶段的孩子就已经有了这样的想法。

人与人和谐相处并不是一件容易的事情。孩子和同学吵架、对自己的人际关系有某种程度的忧虑，都是正常的，父母不要任意干涉孩子之间的事情，而应引导孩子学会独自解决人际交往问题的方法。

孩子有担当，愿意自己解决问题，是一件好事，家长应该给予鼓励与信任。但是如果孩子的情绪、状态让家长觉得不放心，而孩子又不想向父母述说这些烦恼，那就要"打破砂锅问到底"，因为保证孩子的身心健康是父母最重要的任务。在让孩子卸下心防时，父母也要尽量避免正面冲突。

怎样处理人际关系；哪一种朋友可以交往，哪一类型的朋友又该敬

而远之；怎么和朋友相处……对于这些人际交往方面的事情，父母可以用各种方式来指导孩子，比如，父母可以将自己和朋友相处的例子讲给孩子听，也可以让孩子亲眼看见父母如何和朋友相处，了解真正的朋友是什么样子的……

　　人际关系是心理健康的一个重要标志。人际交往能力对一个人的发展有至关重要的作用，而儿童时期的人际交往情况对成年后的人际交往能力有重要影响——人正是在社会交往中形成自己的个性、思想，建立自己的价值观念的。父母要从小就教育孩子学会正确的人际交往方式，做孩子人际关系方面的启蒙老师。

"诚、信、爱、谅"四字让孩子赢得好人缘

家庭是国家、社会的缩小版，也是教导孩子为人之道的地方。与亲人和谐相处，更能体会到长幼有序，以及互相体谅、互相关怀的感情。

与朋友相处最注重"诚""信"二字，而和家人亲戚相处，还要加上"爱"和"谅"。若孩子能够将这四个字用于日常的与人应对，相信孩子的人缘不会差。好人缘自然而然会带来好机运。

如果父母在处理人际关系时能时常将这四个字表现出来，孩子耳濡目染，也会以宽容的心友善待人。但若是孩子发现家长总是"说一套，做一套"，父母的话就不会有说服力。比如，父母要求孩子与兄弟姐妹和平相处、互相礼让，却和自己的兄弟姐妹吵得不可开交，又怎么能让孩子信服呢？所以家长在教导孩子时，不可不注意自己的言行举止。

父母不可能帮孩子一辈子，孩子总有一天需要独立。所以有远见的家长会从小就开始培养孩子形成外圆内方、懂得进退的性格，让孩子明

白是非，不受外界诱惑，同时也不排斥结交与自己性格不同的朋友。这样的孩子将会吸引更多"益友"的亲近，未来的旅途也会丰富精彩，而不是坎坷曲折。

当孩子不小心交到"坏朋友"时，父母也不要一味责备，因为孩子或许因为年纪小，还不能区分善恶，或者因为不知道如何拒绝而一时做了错误的决定。这时，父母需要扮演起守护神的角色，用爱来感化孩子，让孩子慢慢远离"恶缘"，学着广结"善缘"。

让孩子动手做家务，瞬间化为故事的主角

给孩子说故事的方法很多，教导孩子做家务，使家中保持整洁有序，也是一种"说"故事的方式。让孩子亲自"实践故事"比单纯地告诉孩子故事的寓意更能让孩子理解深刻。

当今社会，少子化现象加上课业为重，使家长渐渐忘记身为家庭一分子的孩子应该帮忙做些家务，而没有实际付出的孩子是很难体会劳动者的辛劳的。

父母让孩子帮忙做一些简单的家务，并且适时地给予鼓励，不但能让孩子学到基本的生活知识，还有利于培养孩子的责任感和认真负责的态度。

我的母亲是位职业女性，所以我和弟弟从上小学开始就分担家务，每个人都有自己负责的工作。为了维护整个家庭的卫生、整洁，父母不允许我们偷懒。即使不愿意，我和弟弟也要担起责任。

我成为母亲之后，儿子和女儿看着我每天打扫个不停，便会想来"插一手"，而我也大方地让出会发出轰隆隆声的吸尘器、沉重的拖把或者万能衣架，让孩子有机会"一试身手"。

刚开始，孩子觉得好玩，不觉得累。但是每天反复做一样的工作，孩子就不那么有热情了，便开始出现"三天捕鱼，两天晒网"的现象。但是他们都了解到做家务真的不是一件轻松的事！

渐渐地，孩子们会主动将所有要洗的衣服翻整过来，按照颜色分开来放；不将自己的衣物随意乱摆放；不小心打翻了饮料，也会用抹布擦拭干净；餐后会将自己的座位擦拭干净，把碗盘放进水槽里……而这一连串的"小动作"只是为了让当家庭主妇的妈妈比较好做事。

周末一到，孩子们便会主动帮我把洗好的衣物晾起来，或者帮我拖地板、擦柜子，甚至洗碗盘。因为他们想让我陪他们多玩一会儿，所以抢着帮我赶快把工作完成。儿子与女儿甚至认为能帮忙做家务是一种荣耀。

不论是我母亲的"工作分配法"，还是我对孩子使用的"随兴帮忙法"，都让我觉得受益匪浅。其实许多道理不是用口说的，而是要用眼观看、用心感受的。能够考虑其他人的想法、主动伸出手帮助他人、一心一意为团体的利益着想……都是很了不得的"大道理"。这些理论已经融入我的生活，不需要语言，却已经展现在生活之中。

厕所里的美丽女神

2010年，日本有线大赏有线音乐优秀奖由名叫植村花菜的年轻女歌手以一首全长约十分钟、歌名叫作《トイレの神様》（中文译为《厕所女神》）的自创曲获得。

植村花菜上小学时曾和奶奶一起生活过一段时间。这首歌曲是歌手植村花菜在奶奶过世之后，回忆起自己与奶奶一起生活的那段经历时写下的，而这首歌的来源正是一个"只说故事，不说教"的榜样。

对于日本人来说，一个家庭的厕所是否干净代表着这个家庭的女主人是否是位贤妻良母，所以植村歌手的奶奶才会从小训练终究会成为人妻的植村花菜认真打扫厕所。当奶奶发现植村不喜欢打扫厕所这个工作时，她并没有责骂或者严厉地说教，而是编织了一个"梦幻故事"引导当时读小学的植村自动自发地努力打扫厕所：奶奶告诉植村花菜，厕所里住着漂亮的女神，若是她愿意努力认真打扫，就能变得和女神一样漂亮。

　　已长大成人的植村花菜明白奶奶所说的女神之事并无可证，但是在她的记忆里，奶奶温柔的言语、对她的疼爱和帮她养成的好习惯成为她一生的宝贝。

厕所女神

词／曲：植村花菜

不知道什么原因，

从小学三年级开始便和奶奶一起生活。

尽管爸妈家就在奶奶家旁边，

但我仍然和奶奶一起过日子。

每天帮奶奶做些家务，

也和奶奶玩五子棋。

但是唯一不喜欢的就是打扫厕所。

于是，

奶奶这么对我说：

厕所里有一位美丽的女神。

如果你能够将厕所打扫得干干净净，

便能成为和女神一样漂亮的美女喔！

从那天开始，

我每天都认真地将厕所打扫得干干净净，

甚至闪闪发亮，

就是为了要成为像女神一样动人的女人。

和奶奶出门逛街购物时，

我们两人总是一起吃鸭肉汤面。

而我也曾因为奶奶忘记录下我想看的喜剧节目而哭着责备

奶奶。

厕所里，

有一位美丽的女神。

如果你能够将厕所打扫得干干净净，

便能成为和女神一样漂亮的美女喔！

可是，

当我稍微长大些，

却和奶奶起了冲突，

和家人处得不好的我，

无法回家同住。

所以之后，

就算是假日，

我也不愿回家，

只和男朋友玩在一起。

什么五子棋啊，

鸭肉汤面的，

那些原本存在于我和奶奶两人之间的事物便这样消失了。

究竟是为什么，

人和人之间要互相伤害，

甚至遗忘了重要的东西？

我留下了一直以来照顾我的奶奶，

独自离开了家。

在我只身到东京生活两年之后，

奶奶病倒了，

并住进了医院。

奶奶变得好瘦、好憔悴。

我到医院探望奶奶，

而且故意像以前一样俏皮地说："奶奶，我回来了。"

没想到，

只是聊了一会儿，

奶奶就对我说："可以回去了。"

仿佛在赶我出病房。

第二天早晨，

奶奶静悄悄地走了。

昨天，

就好像，

就好像，

奶奶一直都在等着我一样，

等着我这个她养育长大，

却还来不及好好孝顺她的不肖孙女，

静静地等着。

厕所里，

有一位美丽的女神，

是奶奶告诉我的。

如今，

我是否成了那样漂亮的女人呢？

厕所里，

有一位美丽的女神，

如果你能够将厕所打扫得干干净净，

便能成为和女神一样漂亮的美女喔！

一直想要成为善良、优秀的妻子的我，

今天也很努力地，

将厕所打扫得闪闪发亮。

"奶奶，奶奶，谢谢您。"

"奶奶，真的很谢谢您！"

当义工，导正孩子的价值观

现在的孩子大多深受父母的娇宠，甚至一些孩子因为父母的溺爱而形成自私、孤僻的性格。父母带孩子做义工，可以培养孩子的服务精神，让孩子学会奉献与感恩，帮助孩子形成正确的价值观。

家长可以依循自己或者孩子感兴趣的活动做义工，一个月一次，甚至一年一次也行。让孩子到孤儿院陪幼儿玩耍，到老人院与老人聊天，到公园捡垃圾，去沙滩收集瓶子……

日本有不少社区、学校都会鼓励孩子与家长一起做义工，帮忙打扫街道，维持环境的整洁。我曾经在某个周日一大早，在日本的地铁车站内，看见几个打扮得相当可爱的年轻女学生，手里持着铁板，蹲在地上，认真地刮着残留在地板上的口香糖渣。她们认真的态度和轻快的笑声，让我深深地着迷。

我还曾经在台北松山区奉天宫站附近的公园里巧遇一对年长的夫

妇。两位老人家会在下过雨后的第二天早晨认真地冲洗、擦拭前夜被雨水弄脏的公园里的座椅和游乐器具。

当我和孩子们与他们打招呼时，他们亲切地说："请等一下，等阿公把这里的积水扫下来，滑梯才会比较好滑。"这时，老先生手里正握着一把扫帚，而老妇人手里则拿着一条干净的抹布。

我觉得自己和两个孩子似乎打扰到了老夫妇的清洁工作，便和孩子商量是否应该离开，没想到却被那位老妇人听到了。她赶忙走过来和我们说："等一下就好，不要走。"于是，满脸笑容的老妇人一边擦干滑梯，一边跟我们聊天，仿佛是认识很久的邻居奶奶，让我深深地感受到古早的台湾人情味。

当我们离开公园，走路回家时，儿子和女儿不只一次问我："那一对爷爷、奶奶是公园的老板吗？他们为什么对我们那么好？"

我和孩子们解释，那对老夫妻是义工，他们在志愿打扫公园，为的是让去公园的人更加方便地使用那里的座椅和游乐器具。

儿子立刻说："他们好棒，下次我也要帮忙。"

女儿也笑着说："妈妈，明天我们再去那个公园，好不好？"

"当然，明天我们再去找爷爷、奶奶聊天！"

我从孩子们喜悦的神情中知道，他们已经深深地被这对老夫妇感动了，并且已经将当天所见到的一切悄悄地收进了心底。

培养正确的学习态度，远比督促孩子考高分重要

或许家长会有这样的疑问：小学生课业繁重，大考小考也不少，怎样能让孩子愿意认真读书？用什么样的故事可以启发孩子，让孩子有学习的欲望？

我以"过来人"的身份告诉大家：从小到大，我的成绩一直不是很好，但是弟弟们很会念书，父母的期望也很高，这让我对学习这件事渐渐失去了信心和斗志，甚至过着混一天是一天的日子。

我开始偷懒，不写作业，想办法瞒骗父母，等到要考试时才"临时抱佛脚"，结果当然很糟糕。

高中联考前夕，父母语重心长地对我说："如果你真的不喜欢读书，我们也不勉强你，但是你至少要努力考上职校，这样将来才能有谋生之路。"

我的同学几乎都是以第一、第二志愿的高中为目标，我怎么能就

读职校呢？当时我根本没考虑自身"有几两重"，就坚决地对父母说："我一定要上普通高中！"父母再三确认我的决心之后，便想尽办法，陪伴我复习课业，让我如愿以偿地考上了高中。

好学又好强的儿子和我小时候完全不一样。虽然与其他日本孩子相比，他学习日文的时间短些，但是他不愿服输。下课回家之后，他会立刻把不懂的问题拿出来问，而我只好认真地陪儿子一起预习、复习课业。

但是孩子毕竟还是孩子，儿子偶尔也会偷懒。为了不让儿子在玩乐之后"后悔不已"，我便给儿子讲自己小时候的"丰功伟绩"，比如，在假期没写日记，只能在假期结束时在一天之内补完一个月的日记，因为根本不记得发生过什么事，所以边写边哭；拿到考卷之后，发现连题目都看不懂，只能用猜的，结果运气不好，只拿到25分等。

不想学习而想要玩耍的儿子听到母亲的这些神奇往事，难免有些讶异。为了避免"步妈妈的后尘"，他只好忍住了兴致。

我还会告诉孩子，写作业或者准备考试是一种义务性的工作，不管喜不喜欢都要去做，因为这是学生的义务；任何书都不会白读，读过的一字一语都将成为自己的东西，所以不管喜欢或讨厌，都要认真读书。同时告诉他，既然必须做，那就做好，有付出就要想办法看到结果！我不是要求儿子必须考满分，而是希望孩子在考试时尽可能地将学习过的知识都答对，让孩子养成对考试这件事负责的态度，而不是在考试时完全不检查，写完便草草交卷，等到成绩下来才后悔。

放寒、暑假时，扣除外出旅游等应酬的时间，孩子要按照时间表有规律地安排写作业的时间。尽可能每天都花半个小时或者20分钟的时间学习，养成良好的学习习惯。不要一口气将作业都做完，这样是会"消化不良"的！

求学阶段是培养孩子学习态度的时期，而成绩只是"点缀"。拥有正确的学习态度和学习方法的孩子，即使在人生路上遭遇一两次失败，最终也会站起来。

漂亮的学习成绩单并不等于优秀的人生成绩单，所以家长应当注重的是帮助孩子养成正确的学习态度，而不是考卷上的分数。

上课、念书、考试，最重要的不是成绩，而是态度！想尽办法让孩子得到好成绩，不如让孩子明白学习的重要性和身为学生的本分。孩子在明白是非、理出道理、用对方法之后，自然会把事情做得更好。

会读书的孩子，多半是父母调教出来的

美国著名数学家、教育家乔治·波利亚（George Polya）认为数学教育的宗旨是：（1）教会思考；（2）培养创造精神；（3）提倡探索式教学，既注重智能因素的培养，又不忽视非智能因素的作用。

大家都强调读书的重要性，但不是每个孩子都喜欢读书。我就有一个对学习、课业不感兴趣的女儿。

以前，这让我非常头疼——我真的不知道该拿每天只知道吃零食、看电视、玩玩具、闹脾气的女儿怎么办！即使她的同学都会写日文的五十音，只有她不会，她也不以为意。

我的女儿其实不笨，只是她对学习不感兴趣。每次看哥哥领奖状回来，她都很开心，说自己的哥哥真的很棒，但是她还是不喜欢写字、读书。四岁多的女儿仿佛是不食人间烟火的芭比娃娃，每天只悠闲地活在"扮家家酒"的浪漫世界中。

　　眼看女儿即将上大班，但是她不只不会认五十音，连一到十这样简单的数字也不会写，这让我心里很着急。女儿的同学几乎都参加了幼儿园的课后辅导——语文与数学的先修班，但是女儿坚持不想参加，而我的先生也认为女儿年纪还小，不要逼迫她。

　　考虑到女儿将来进入小学之后在和会识字、写字的同学一起学习时可能会有挫折感，并因而丧失自信，我决定让女儿在家"上私塾"。每天幼儿园放学之后，我便会花三十分钟的时间教她认字、数数和进行一些基本的智力测验训练等。

　　刚开始，我从日本和中国的书店购买了各种智力测验类的图书、日文五十音和数字的练习本，采取和指导儿子学习一样的方式教女儿，但是女儿完全跟不上，甚至耍赖大哭，我的耐心也几乎被磨光了。这时，我发现女儿与儿子非常不同：女儿的观察力、专注力与学习欲望，与她哥哥相比明显有许多不足。

　　无助的我只好求助于当了一辈子教师的母亲。女儿的外婆告诉我："学习重在乐趣。要让孩子觉得学新东西很有趣，而记得学过的东西更有趣。一边玩一边学习，不让她感觉有压力，孩子便能自然而然地记住学习的知识了。"

　　我用小卡片和女儿玩游戏，甚至和女儿玩她超爱的"扮家家酒"，在玩游戏的过程中加入数字、五十音等。我发现女儿就像变成了另一个人似的！虽然她的记忆力不如哥哥好，但是比之前进步太多了。现在的她很少一坐在书桌旁就哭，偶尔还会自己一边玩一边数数，或者偷瞄哥哥课本上的平假名与片假名，开心地说着自己知道的字母。

　　通过教导儿子和女儿学习，我知道了孩子的个性各有所别，学习方式也应有所差异。父母要明白什么方式是孩子能够接受的，哪些知识是孩子比较容易学会的，在孩子逐渐有了信心之后，再让孩子学习更多、更复杂的知识。

我现在明白了，孩子会不会读书通常和家长的付出成正比。孩子功课好坏，不是家长的面子问题，而是父母是否懂得教养孩子的问题。如何教孩子使用正确的学习方法，如何提升孩子的信心，如何增强孩子的学习能力等，都是家长需要花时间、精力思考的问题。影响成绩好坏的因素既有天生的资质，也有后天的努力。千万不要因为孩子学得慢而骂他笨，对于不聪明却愿意认真学习的孩子，要给予更多的肯定与鼓励。慢慢地，孩子会有开窍的一天。与孩子最亲近的人莫过于父母。虽然孩子的性格、资质不同，但是只要家长愿意花心思、想办法，孩子在父母的"百变花招"与耐心陪伴下必定能有所成就。

决定人生胜负的关键不只是就学阶段的考试，孩子在一生中还会面临许多其他考验。拥有自信，并且能坚持下去，才是最好的学习方法。

给小学生父母的一句话：
用故事教导孩子明白是非

　　"德、智、体、美、劳"五育并重的教育不只是专注于科学文化知识的教学，更要让孩子拥有健康的体魄、健全的人格、优秀的品质。通过各式各样的活动、对日常生活的体悟让孩子的视野更加广阔，让孩子学会用一颗明净的心来对待周遭的人、事、物。

　　小学阶段的孩子很容易接受外界的信息，并把"搜来"的想法和行为归为自己所有或者舍弃。这个年纪的孩子辨别是非的能力还不强，可能会学一些不正确的思想、行为。当然，孩子自学的东西不一定全是坏的，但父母若是能时时关心孩子，在发现孩子的思想、举止"有些奇怪"时，能及时想办法让孩子明事理，走回正轨，孩子将来吃的苦肯定会少一些。

　　孩子越大，父母越需要花时间和精力与孩子沟通，而且必须有方法、有技巧，让孩子能听懂，肯接受，又不伤孩子的自尊心。其实，大部分亲子间磨合的过程都是酸甜苦辣皆有，百般滋味在心头。但是，有爸爸、妈妈在身旁鼓励，这种一起奋斗的感觉会让孩子更有力量。

在孩子的这个成长阶段，家长与孩子相处的时间一眨眼就过去了。不要等到孩子长大了，家长才想追回孩子跟在身边转、愿意听故事的光阴，那时就为时已晚了。

换个角度来想，家长一生中花六年——2 000多天的时间陪伴孩子，与孩子一起交换心得、编织故事，把与孩子的互动转化成将来美好的回忆，岂不是很值得？

让父母说的话伴随着爱意停驻在孩子的心底，化为孩子人生的罗盘吧！

父母小帮手：

解决父母的难题！小学阶段孩子常见问题

Q1：孩子上小学之后开始学说粗话，该怎么办？

A1：孩子在学校学会说粗话，父母听在耳里，常常火冒三丈。其实，孩子学说粗话可能是因为年纪小，不能很好地分辨是非，模仿同学说粗话只是为了获得群体的共鸣与认同，孩子甚至可能不明白自己所说的粗话的意思。这时，父母要告诉孩子说粗话是没礼貌的表现，并告诉孩子哪些话是粗话，不可以说，正确的表达方式应该是什么。父母自己也要以身作则，不说粗话，为孩子示范正确的礼貌用语。有时孩子说粗话是用骂人的方式发泄自己的不满。父母面对这种情况时，对于为什么说粗话，可以先听听孩子怎么说，不要急着斥责，并引导孩子说出内心的困惑与不安，帮助孩子找到发泄负面情绪的其他方法。孩子说粗话的原因各有不同，父母要辨证施治，用爱心帮孩子改正。

Q2：孩子不能勇敢面对挫折该怎么办？

A2：孩子在遇到困难时，很可能会因受到挫折而放弃所做的事情。要帮助孩子克服困难，完成任务，父母的支持与鼓励最重要。父母可以先评估事情是否真的超出了孩子的能力范围，如果是孩子有能力完成的，父母可以给予孩子支持和鼓励，比如，对孩子说："我知道你很难过，我们可以一起想办法。""我相信你经过努力可以完成任务。"或是帮助孩子建立自信心，让他感觉其实完成任务并不难。将来孩子长大了，遇到挫折时，也能用一种比较平和、理性的方式来对待。

Q3：如果孩子受到同侪嘲讽、讥笑，该怎么教他面对这种情况？

A3：爸爸妈妈第一步是要倾听孩子述说发生了什么事，了解孩子被嘲笑的原因，并理解孩子的感受。其次，父母要告诉孩子如何应对，比如：教孩子用坚定的眼神告诉对方自己因为对方的嘲笑而不愉快，希望对方不要这样做；置之不理，一笑了之；用自嘲的方式化解。如果孩子是因为自己的不良行为习惯而被嘲笑，要帮助孩子改正缺点。在孩子被嘲笑时，父母要教导孩子用成熟的态度充满自信地勇敢面对、解决。

第四章

青春期的子女：望、闻、问、切，用心呵护孩子的蜕变

给青少年父母的一句话：用故事帮助孩子实现自我成长

　　与青少年时期的孩子相处，需要细心观察、用心聆听、轻探点问、温馨有趣。千万不要咄咄逼人，以高压强迫的方式来对待这个年纪的孩子，这样会引起孩子的反感，使他与父母产生隔阂。

青春期（又称青少年期），一般是指11~18岁这一阶段。处于青春期的孩子最大的生理特征是生殖器发育成熟，第二性征发育，并且开始有繁殖后代的能力，也就是俗话说的"转大人"，故又称为青春发育期（Adolescence Puberty）。

青春期的孩子充满了生机活力，多彩亮丽，但是从这些逐渐成熟的面孔上，从他们时而神采奕奕、时而忧郁不安的眼神中，似乎能感受到隐藏在他们心里的复杂思绪。家有青少年的父母，应该留意孩子的思想、情绪，与孩子进行良性沟通，帮助孩子成长为成熟的"大人"。

青少年时期是一个复杂的成长阶段，这个时期的孩子心思很敏感。家长需要静心观察，姿态主动但不激进，理智判断但感性面对，凡事以"慢半拍"的速度与孩子相处，让孩子知道父母永远是自己的啦啦队队长，会无条件地为自己加油、打气。

再怎么不放心，也要勇敢放手

一只幼虫，需要经过时间的洗练，承受身心的磨难，才能破茧而出，成为一只美丽的蝴蝶。青少年时期正是孩子从儿童转化为成年人的阶段，如同蛹的蜕变，过程辛苦却充满希望。在这场"生命的洗礼"中，孩子是唯一的主角，父母再怎么不放心，也要学着放手，让孩子勇敢地长大！

放手，不是不关心、不管孩子，而是让孩子成为自己。睿智的家长不妨试着学做孩子最贴心、最信任的好朋友，让亲子间的相互信赖成为孩子一辈子的支柱。

餐桌上的故事时间

人再忙，饭总是要吃的。家长尽量每天与孩子一起用餐，并且在餐桌上聊一聊当天或者前一天发生的事情，让家中的每位成员都知道彼此的情况。或许有些家长会说，孩子早上出门早，晚上补习又晚归，家长也工作忙碌，要求一家人一起用餐，根本是"天方夜谭"。其实，如果家长提早半个小时起床，就可以与孩子一起吃早餐。即使家人不能每天一起用餐，也可以尝试一周一次，比如，挑一个孩子不用补习的晚上，家长不加班、不应酬，与孩子一起吃晚饭。若是平日时间真的搭不上，可以在周末一起用餐。一餐所用的时间一般不超过两个小时，相信只要愿意，几乎每个家庭都可以有亲子一起用餐的时间。

亲子共同用餐的时间定下来之后，确定用餐地点也很重要。家人一起用餐，家当然是最好的选择。每个家庭都有独特的饮食习惯，其中包含着祖辈的思想观念或者父母婚后的共识——亲子一起用餐也是一种饮食文化的传承。

官场、商场之人常说，和一个人吃一顿饭，就能看出这个人的性格。所以千万别小看"吃饭"这件事。

基本的餐桌礼仪、用餐时的态度与谈吐、用餐后的行为举止，都需要父母对孩子加以指点。上小学之前，孩子只需要乖乖地坐在椅子上吃饭就好；但是到了青少年阶段，孩子就必须开始学习中、西餐餐桌的摆放、用餐礼仪等。与他人一起用餐时，要考虑同桌人的想法，不能只盯着智能手机或平板计算机，而不专心听一起用餐的人说话。家人共同用餐，就是为了一起聊天。如果一家子坐在餐桌旁，爸爸看手机，妈妈看电视，哥哥玩LINE，妹妹玩iPad，那么一餐下来，每个人又能说几句话呢？家庭聚餐应该是在一个没有电子产品干扰的环境中，营造一个能够聊天的气氛，亲子轻轻松松地一边品尝美食，一边谈天说地。

每天见面还聊天？要聊什么？

孩子连"早安"都不对我说了，还聊天呢！

没错！孩子长大了，与父母兴趣相同的话题明显少了。但是，亲子间的沟通越不容易，就越要试着去做，否则将来会更无话可说！

现在的青少年到底喜欢什么？老实说，我也不太清楚，因为潮流一批来一批去，变化太快，难以追赶。但是，我知道，人类大多喜欢有趣、温馨、阳光的话题。父母可以用具有这些特点的话题与孩子聊天。比如，父母可以从影视或者运动新闻开始说起——这个年龄层的孩子多半对这类信息感兴趣。在聊天时，父母要让孩子自由表达自己的观点，即使不同意，也不要胡乱否决，更不能说伤孩子自尊的话——青春期的敏感"小大人"会如同受到外力压迫的茧一般因此受伤。这时，父母可以说出自己的想法和理由，让孩子"听进去"，放在心里当作参考。父母也可以与孩子分享自己的工作状况，试着教孩子一些专业知识——不用期盼孩子完全听懂，只是让孩子广泛地接触各种知识。父母可以将自己最近所学习到的新知识和孩子分享，让孩子了解父母也在认真学习。

与孩子一起吃饭、聊天时，不要质问他们为什么成绩越来越差或者责备他们花钱太多。孩子一旦认为家庭聚餐时间是"批判时间"，就会故意找借口不参加，父母便会错失与孩子沟通的机会。

面对青少年时期的孩子，要用"放长线，钓大鱼"的方式。先让孩子尝到甜头，然后再慢慢地加上"苦药"，之后再给孩子"一颗糖"，让孩子在用餐结束时，带着被尊重与被爱的感觉离开餐桌，这才是最好的说"餐桌故事"的方法。

"餐桌故事"必须建立在尊重、信赖与相亲相爱的基础上。

父母要会听、会说

父母与孩子聊社会新闻时，可以用他人的例子教导孩子，让孩子知道"诸恶莫作，众善奉行"。青少年已经有一定的分辨是非的能力了，但自控力不强，又因为对错误行为的后果认识不清，就可能做出一些不符合道德行为规范的事情。对于错误的行为，父母要态度严肃，明确告诉孩子绝对不可以这样做。是非对错不能以玩笑对待。

我曾经听一位朋友说过这样一个真实的故事。这个朋友的一个亲戚在上高中时总喜欢上商店偷东西。她不是没有钱，只是很享受那种偷东西时怕人知道的刺激感。她每次都将偷来的东西带回家送给家人朋友，骗说是用打工的钱买的。因为不是什么昂贵的物品，她的家人便没多想。

有一天，她突然问正用着她偷回来的护唇膏的母亲："妈，如果我说你用的护唇膏是我偷回来的，你会怎么做？"

"什么？这种便宜的护唇膏哪值得偷？要偷也要偷个贵点的！"那位母亲开玩笑地说。她认为自己乖巧的女儿不会做这样的事。

当天傍晚，正在煮晚饭的母亲接到派出所的电话。

当她匆忙赶到派出所时，她看见泪流满面的女儿，还有一瓶放在警察办公桌上的外国某高级品牌的保养乳液。这时，那位母亲才恍然大悟，可是，已经迟了一步。

父母认真对待孩子说的话，就可能从孩子的只言片语中听出一些情况。父母更要在孩子面前说话谨慎，让孩子形成正确的是非观念。

孩子的朋友，可以是教养的好帮手

青春期的孩子相当在意与朋友间的交往，有些孩子甚至认为朋友比家人还重要。有些父母或许会抱怨：孩子整天和朋友混在一起都不觉得腻，和家人才说几句话就厌烦了。虽然这样做是不对的，但是需要同侪认同的青春期的孩子并不明白这些。

家长使点小手段，就可以让孩子不离家庭太远，这个方法就是招待孩子的朋友。

在西方国家，招待孩子的朋友来家里开派对、吃饭、玩耍是一件很普通的事。有些开明的父母甚至会让出自家的客厅，让孩子看影片、约会。

我认为偶尔招待孩子的朋友来家中做客或者由家长带着孩子和他的朋友一起看表演、看球赛，一起在外面用餐，或者到近郊露营、烤肉，都是很不错的活动。

孩子起初或许会不愿意与父母一起进行这些活动。父母不要刻意勉强孩子，也不要轻易放弃。父母可以找出孩子感兴趣的活动，邀请孩子的朋友一起参与。比如，孩子喜欢哪个球队，就特意去买那个球队比赛的票，并让孩子邀请他的朋友一起观看比赛。

观赏比赛的时候，家长只是充当领队的监护人，只要孩子遵守时间行程，不做违规之事，家长就不要干涉孩子的行动。家长与孩子的朋友打完招呼之后，就可以安静地坐下来了。除非是有建设性的发言，一般只要静静地观察孩子与朋友间的互动即可。

千万不要管太多，让孩子和孩子的朋友觉得不舒服。所谓"一回生，二回熟"，孩子与孩子的朋友渐渐就会觉得有父母陪着也还行。父母与孩子的朋友熟了，慢慢地也可以从孩子的朋友那里了解自家孩子在做些什么。

与"小大人"交往，不要把自己"降格"，故意迎合孩子，这样反而弄巧成拙。家长不是要扮演年轻人，而是要扮演有智慧又包容的长者角色。要让孩子的朋友觉得和这位爸爸或妈妈在一起既自然、舒服，又能学到东西。

而家长在与孩子的朋友说话时，同时也是在对自己的孩子说，或许与直接对自己的孩子说相比，这样更能将本意说清楚。

其实，认识孩子的朋友的方法有许多种，不一定要花大钱，有时一个便当，甚至几个手工制作的包子，就能打动对方。因为与人交，贵在心，方法其次。

认识孩子的朋友之后，能够从与他们的互动中了解自己的孩子在想什么，可以通过与孩子的朋友的谈话把意思传达给自己的孩子，这样还能从孩子的朋友的口中得知更多关于自己孩子的事情。如此一来，家长也就不会再抱怨"孩子只愿意和朋友说，都不听我的"或是"都是被朋友带坏的。我哪知道他交了什么样的朋友"了。

只要愿意付出，父母仍然是与孩子最亲近的人！

与孩子共同阅读"世界"这本故事书

我记得读初中二年级时，爸妈带我们到东南亚旅游，而这是我们全家第一次出国旅行。那时，爸妈还特地帮我向学校请了假，大约有十天时间我没有参加暑期辅导。尽管年代已经久远，但是我仍依稀记得当时的情景和兴奋的感觉。最近听到"对于快乐的事情，孩子总是会存放在记忆里"这句话，我非常认同。

到外地旅游，远离习惯的生活环境，可能会有一些"意外发现"。比如，和父母一起旅游时，我发现严肃的爸爸看见新鲜事物，竟像充满好奇心的小孩子一样兴奋不已；走在陌生国度的路上，妈妈的细心嘱咐让我觉得很有安全感。当时14岁的我，突然发现自己爸妈竟然这么可爱，有那么多值得学习的地方。

家庭旅行的目的地或远或近，都无所谓，重要的是培养孩子以柔和的心来看待这个世界，以客观的角度重新审视家人，将生活的不如意当作成长的养分，平心静气地接受，积极、勇敢地解决问题。

我听一个日本妈妈说："虽然是花大钱带孩子去旅行，但是却让孩子学习到了'节俭'这个美德。孩子了解到一次家庭旅游需要花掉父亲一个月左右的薪水，为了以后还能常出去玩，必须控制平常日子的开销。"这位妈妈还说："早知道旅游能让孩子受到这样的教育，就早点带孩子出国玩了，这样就不会为'零花钱不够用'这件事与孩子'唇枪舌剑'了。而且，出国之后，孩子才发现自己的英文程度无法在国外生存，所以回来之后拼命学习。看来，这也是一个激发孩子学习欲望的好方法。"

不论是时间比较长的国外旅游，还是时间比较短的国内旅游，都可以让孩子练习计划、安排，让他们了解做事情时缜密策划、精心安排的意义，并让孩子在这个过程中通过付出时间与精力学会更多的知识。

我认识几位居住在美国的华裔家长和派驻在天津工作的日本父母，他们都喜欢利用长假带孩子去旅游，一去就是五天以上。他们甚至会放手让孩子规划旅游行程，并和孩子一起讨论，在所有家庭成员都同意之后，便会按照这个计划进行。

孩子为了做好规划，会先"做功课"，比如，学习目的地的历史、语言、文化、民俗，了解那里的气候、经济情况等。在每次的旅游策划家庭会议上，孩子会把自己的想法讲给爸妈听。当然，家长也要先"做功课"，才能与孩子应对。

家庭旅游是为了制造欢乐的回忆。在旅游的过程中要鼓励孩子用阳光、正面的心态来面对人、事、物。旅途中如果有不如意的事，要告诉孩子这些都是人生修行的考验，不要因为这些不愉快的事情而产生负面情绪，教导孩子要勇敢面对问题，想办法解决问题。教导孩子带着感恩、随缘的心来思考，感受景色的美好、赞叹古人的伟大、感念当地居民的热情……旅行也是在品味人生。

让孩子在旅游期间通过拍照、绘画、文字等方式记录自己的所见所闻和感想。等回到家中之后，父母与孩子一起整理照片，甚至可以鼓励孩子在博客上分享旅游感想。

世界很大，带着孩子一起去游历吧。

"我将来想当……"的故事，得由孩子自己来说

孩子的梦想是什么？

孩子在年纪还小的时候，会主动对父母说他长大想做什么。过了一段时间之后，孩子可能又会有新的想法——这个梦想也许一直在随着孩子年纪的增长而改变。但是，孩子在真正需要选择自己未来想从事的工作、专业时，却又犹豫不决了，最终由父母帮忙定夺的不在少数。

其实，孩子并不是优柔寡断，而是不够了解自己，也不太明白成人社会的"运作方式"。若是能让孩子利用寒、暑假以打工或者实习的方式接触自己感兴趣的领域，或许就能减少他的这种彷徨、迷惘。

让孩子利用假期外出打工，并不是要求孩子赚钱——当然，如果既能学到知识，又能领到报酬更好——而是让孩子了解、适应真实的工作环境，确定将来想从事的工作。

一些欧美国家，为了让孩子早点确定自己的志向，为中学生提供

了许多实习的机会。比如，高中学生当初中学生的课后辅导老师；对医学有兴趣的孩子可以到医院应征暑期工读生，以便了解医院的运作方式……

如果孩子已经确定了想做什么，父母要尊重孩子，即使有不同意见，也要耐心和孩子沟通。父母可以将自己的经验、别人的故事说给孩子听，但是要让孩子自己做出选择。孩子要实现的是自己的梦想，不是父母的梦想。

兴趣是成功的契机

只要有心，在哪里都可以学习。我在美国留学时，经常到一家美发店剪头发。老板贝蒂来自台湾，是一个漂亮的中年妇女。她在硅谷地区拥有两家美发店。与贝蒂交往久了，从她口中得知，美发并非她的专业，而是她自学的。出生于台湾基隆的她，从小是个品学兼优的乖巧女孩。当然，和别的女孩子一样，她也很爱漂亮，对于美的事物总是百看不厌。

当时贝蒂家楼下开了一间家庭美发店。每次放学时，她都忍不住特意走进美发店打招呼、聊天，趁机看店长阿姨怎么帮客人理发。久而久之，店长阿姨发现这个有礼貌的孩子似乎对美发感兴趣，便问她要不要假期到店里打杂。贝蒂一口答应，并想尽办法说服父母，允许她在暑假和学期的每个周日到美发店帮忙。通过在美发店打工，她更加确定自己非常热爱并且适合这个工作。

　　但是，为了如父母所愿，她上大学时念了一个与美发完全不相关的科系。毕业后，她也没有做与美发相关的事情。与丈夫移民到美国后，她就只是专心在家带孩子。后来丈夫早逝，为了养活自己和孩子，她只好出来找工作。当时她英文不太好，也不想干粗活，就选择了在美发店帮客人洗发、剪发。那时，她把孩子背在身上帮客人剪发，拼命读书考证照。因为有美发的经验，她又真心喜欢这个工作，所以这种刻苦耐劳让她如愿以偿地有了自己的两间店铺。

　　贝蒂常对客人说，住在娘家楼下的美发店的店长阿姨救了她和孩子，不然当时刚丧夫的她，真不知道该怎么办才好！因为贝蒂总是惦记着这份恩情，所以她在成为老板之后，接受了不少来自台湾的孩子来店里实习，教她们美发的知识、技巧，甚至还供她们吃住。

　　"没试试看，怎么会知道你行不行？"贝蒂时常对店里的工读生这么说。

　　这个例子让我在心中种下了一粒种子：将来孩子念中学时，我一定想办法让他们尝试感兴趣的工作——或许孩子上大学之后会改变想法，但是至少学到的东西是自己的。

　　逼迫孩子学习，不如让孩子体验自己喜欢的东西，让孩子从中发现自己的不足之处，鞭策自己不断改进，更加努力地去实现自己的梦想。家长所要做的只是给孩子提供机会，鼓励孩子，给予孩子往前迈进的动力和确保孩子的人身安全。

　　追梦的故事必须由孩子自己来写，父母的任务只是给孩子一个"创作"的空间。

让孩子做父母的老师

偶尔我会听到有的妈妈抱怨：孩子都已经长得比自己的爸爸还高大了，却还像个小孩子一样，大小事都依赖父母，连拿钱到便利店给"悠游卡"充值都不会，还要父母代劳。其实，这不应责怪孩子，是父母没有给孩子尝试的机会。

亲爱的家长们，请记得"孩子拥有无限的潜力"这个事实，要让孩子有机会尝试将自己能干的一面展现出来。家长可以试着装傻、装笨或者跟孩子"讨教"。如果家长真的找不到可以请教的话题，那就向孩子学习如何操作最新的软件、学习年轻人的语言、了解流行的时尚信息，甚至和孩子学打网络游戏等。青少年时期的孩子比家长更熟悉并且更拿手的东西都能成为"小老师"的好教材。这样不仅可以训练孩子自主自律，还可以帮助孩子建立信心。父母也是在以身作则，让孩子明白要"活到老，学到老"。父母让孩子当自己的"小老师"，还能拉近亲子间的关系。

在美国念书时，我巧遇一位从马来西亚移民到美国西雅图多年的中年妈妈丽达。丽达的两个孩子都是滑雪高手，曾多次参加州际比赛。丽达自己也热爱滑雪，而且技艺高超。

丽达很骄傲地告诉我，她的滑雪教练是她的两个孩子。她们一家人刚从热带地区搬到西雅图时，对西雅图寒冷的气候很不适应。那时孩子们并不喜欢雪上运动。每逢冬天，孩子们都闷闷不乐。丽达为了让孩子适应西雅图的生活，帮孩子们找了教练，让孩子们学习滑雪。起初孩子们并没有认真地学习。于是，丽达告诉她的孩子们，她希望有一天能和孩子一起快乐地滑雪，但是因为她已经不是小孩子了，所以担心在教练面前跌倒丢人，希望孩子们学会滑雪之后可以当她的老师。

丽达的孩子们为了当妈妈的老师，便很认真地学习滑雪。另一方面，丽达也遵守承诺，让孩子们教她滑雪。尽管已经快40岁的她不如年轻人敏捷，但是她还是很认真地练习，这让孩子们更加有动力了。妈妈的勤奋好学让当"小老师"的孩子们加倍努力，因而有了今天的成就。

丽达其实是个不喜欢运动的人，但是为了让孩子们适应北美的生活，她才想出这个方法。两兄弟现在还会吵着问妈妈到底谁教得比较好呢。

引导孩子学习，让孩子保持学习的欲望和毅力，有时候只用一张嘴是不会见到效果的。父母以身作则，孩子们看到父母努力的样子，慢慢也会学着努力学习。

有些父母或许会说，我们也试着向孩子们请教某些事情，但是他们显得很不耐烦，有时还会嫌我们太老、太笨。其实，家长们不要太敏感，孩子们会说出这样的话，是因为他们对父母的期望或者定位过高。只要父母坚持，让孩子看见自己的决心与诚意，孩子们肯定会渐渐被软化。其实，在学习的过程中让"小老师"念几句，也是种激励，父母无须放大处理。若是真的忍受不了孩子的批评，那就直接对当"小老师"的孩子表明自己的想法，看看孩子会给家长什么样的答案——也许父母在教孩子做事情时也是这样的态度，孩子只是有样学样。

以"家庭小教室"的方式，用行动代替说教，可谓另一种说故事的好方式。让孩子做一次大人，大人做一次孩子——不是只能大人说故事给孩子听，也可以让孩子说故事给大人听。

会"耍赖"的父母，用耐心教导孩子

在天津居住的这段时间里，我结交了几位"很会耍赖"的日本妈妈。这几位日本妈妈为了要让自己的孩子独立，养成良好的习惯，会用"耍赖"的方式让孩子自己认识、改正错误。

天津的日本人学校位于天津市的外环区，从天津市中心出发搭校车，在不塞车的情况下，需要花上40分钟左右的时间。从小学一年级到初中三年级搭校车上下学的学生，都得按时上校车，逾时不候。

跟我住在同一社区的一位上初中一年级的女生，时常赶不上早上七点出发的校车。她的母亲却会准时出现在搭校车的集合地点，告诉负责学生乘校车的阿姨，自己的女儿还在睡觉，所以今天不搭校车上学。

其实这位妈妈每天早上不到五点就起床准备便当和早餐，然后等着念初中一年级的独生女起床，陪同她一起走路去搭校车。但是，她的女儿从小就喜欢赖床，即使上了中学，这个坏习惯仍然没有改正。这位妈妈为了叫女儿起床每次都不得不对女儿大吼大叫，但女儿却不知反省，甚至赶不上校车还责怪母亲。于是，这位日本妈妈决定"撒手不管"。她给女儿买了三个闹钟，并且告诉她，在没有出现危急情况时自己都不会叫她起床。

刚开始，这位上初中一年级的女生以为妈妈在开玩笑，闹钟响了，就按停响铃继续睡，结果好几次睡到九点过后才慌慌张张起床，连早餐都来不及吃，就拎着书包和便当，央求妈妈打车带她去学校。

这位日本妈妈并没有表现出生气的样子，而是梳妆打扮得漂漂亮亮的，带着女儿坐出租车到学校，看着女儿进校门之后，便又搭同一辆出租车回家。

学校老师和其他妈妈都很佩服她的坚持。在第二个学期将要结束时，她的女儿赶不上校车的次数明显减少了。这位用心的日本妈妈心情也放松了许多："现在偶尔女儿比我起得还早，把我吓一跳。一问才知道，原来是闹钟设错时间了。看来，还要想办法让女儿改一改'犯糊涂'的毛病。"

这位母亲说得好像很轻松，但是不难想象这对母女肯定经历了一段辛苦的磨合期。这位"耍赖"的母亲其实是在用耐心教孩子自己觉悟、改过。

不只是孩子，就算是大人做错事也需要有觉悟、反省、改过这三个过程。对于自控力不是很强的青少年来说，改正错误所需要的时间或许更久。有时候，父母的打骂并不会让孩子醒悟、悔改，甚至可能会让孩子产生叛逆心理。越是看起来无可救药的孩子，越要用"情"来安抚、规劝，让孩子知道父母从来没有放弃过他，相信他总有一天会变好的。

父母耐心地给孩子说充满希望的故事，相信孩子自己定会领悟、成长。

写实故事，是一种警示教育

当家长的，一定要有未雨绸缪的觉悟，不要等到事情发生了，才后悔为什么当初没有感觉到孩子的异样。做个"先知先觉"的家长，并不是让家长去怀疑自己的孩子或者每天疑神疑鬼地过日子，而是让家长有忧患意识，提醒孩子不要碰触会惹祸上身的事物。

因为乱交网友而被拐骗、吸烟甚至使用毒品、偷吃禁果导致怀孕、因为沉溺于网络世界而影响健康等问题，家长都可以主动与孩子讨论，询问孩子的意见，从孩子的回答中判断孩子是否对这类问题持有正确的态度，引导孩子明辨是非。父母也可以对孩子表明：不要有这些行为，否则会让父母伤心。

父母也可以在网络上找些图片或者视频让孩子观看，让孩子用自己的双眼看见这些行为的后果，想清楚是否真的愿意因此赔上自己宝贵的青春。

欧美的性教育课程会让青少年时期的孩子观看关于分娩过程和堕胎过程的视频，让青少年们知道所谓的"生理冲动"必须付出的代价是什么。

类似这样的用于教育青少年的纪录片很多，例如，反毒、反校园暴力的纪录片等。有些家长或许会认为这样的视频看上去太残忍，不该拿这种东西来吓唬未成年的孩子。但是，让青少年时期的孩子接触"残酷的现实"，实际是让孩子从他人的"故事"中吸取经验，了解为人处世的道理。这种"写实故事"对孩子更具有警示作用，帮助孩子不误入歧途。

明白"代价"的意义，便会珍惜青春无价

在美国留学时，我结识了一位来自日本的女同学由纪子。她五官精致、身材高挑，如同模特儿般地亮眼。然而，与其他来自日本的女同学不同，她完全不化妆，也不刻意打扮，对名牌包、首饰也不感兴趣，非常低调。

有一次，同学们一起出游时，我们两人刚好住在同一间客房。当时的我只有十八九岁，而由纪子已经25岁了。她非常亲切地把我当作小妹妹来照顾。入睡前，我们点着小灯，聊起心事。

由纪子和我说，她就读中学时，因为受不了名牌的诱惑而利用自己的姿色当过"援交女"，用自己的青春和肉体换取金钱长达一年多。当时的她认为这样做并没有什么不对：她白天照常上课，虽然成绩只是中等，却也没让师长操心；下课之后，为了替家里省钱没有上补习班，自己出去赚零花钱，但是每天九点以前一定会回到家。

直到有一天，她正在"做生意"时，遇到警察临检，被抓进警察局。这时父母才知道原来她不是在图书馆念书，而是在外面"卖春"！

当了一辈子家庭主妇的母亲当场昏倒，在医院躺了半年才好转。由纪子的父亲是日本某大学的副教授。他将自己关在房间里哭了整整一天一夜，才开门出来对由纪子说："今天晚上11点，你跟我出一趟门。"

由纪子的父亲带着她来到银座，穿梭在分布着各种高级俱乐部（酒店）的大街小巷中。父女二人不停脚地在几条街上来来回回地走到天亮。父亲终于开口对她说了第二句话："看看地上的呕吐物、尿液、用过的保险套，还有衣衫不整、妆都花了、抱着钱的女人，喝醉酒倒在地上的男人，这些你都看清楚了，这就是你想要的生活吗？"

由纪子没有回答，只是忍着泪水看着眼睛通红的父亲。

之后，父亲将由纪子带到他所任职的大学的校门口，让她看穿着整齐、充满朝气的大学生快速地走进校园的样子。

站了一个小时之后，由纪子的父亲开口了："这是我和你的妈妈希望你能走的路。你可以考虑一下吗？"

接下来的半年，由纪子的父亲没有和她说一句话。父亲每天照顾她的起居，探望住院的妻子，去大学教书，晚上准时回家，但是就是不和由纪子说话。

在这段无声的日子里，她的脑海里反复出现那天父亲让她看见的景象。终于，在母亲平安出院之后，她将所有"用身体换来的"东西全部丢掉，将赚来的钱全部存起来。现在她出国念书的学费正是她当时所赚的钱的一部分。她比谁都更努力、更用心地学习。

现在她的父亲仍然不和她说话，但是总让母亲给她邮寄家乡的食物，偶尔会在包裹里放一封家书，虽然字数不多，但是由纪子知道爸妈是爱她的。

由纪子说她现在仍对和父亲一起看到的景象记忆犹新。她很感谢父亲用这样一种方式让她看清楚自己所犯的错误，让她明白如果她不停止所做的事，以后将失去理想的生活。

青少年时期的孩子很容易因为受外界的影响、诱惑而犯错。有时候与其说破嘴，还不如让孩子亲眼看见"故事"的结果，教育效果可能会更加显著！

做父母是一辈子的工作

青少年时期的孩子有时会嫌家长管东管西太啰唆，和家长说"自己的事自己会看着办，不用爸妈操心"。这时，一些在气头上的父母会对犯错的孩子表示不再管他了，要孩子对自己所犯的错负责任。"我打也打了，骂也骂了，只差把他塞回肚子里了，孩子还是不听话，我还能怎么办？不是我不想管，是真的管不了！"一位对自己的孩子失望透顶的家长曾经这样说。

犯下严重错误的孩子往往是在对是非对错的基本认知上出现了问题。简单、粗暴地批评孩子，不但不会让孩子改过，甚至可能会让孩子更叛逆。

要让孩子改正，就要耐心地把孩子的错误观念导正。虽然改邪归正的路途有时并不好走，但父母一定要对孩子有信心，而且要比孩子更勇敢，用血浓于水的亲情来感化孩子。

父母都是爱孩子的。这种父母对孩子的爱是没有时间限制的——就算孩子已是60多岁、白发苍苍的老人，90岁的父母仍然会把他（她）当作"小宝贝"来疼爱。这是天性。其实，父母恨铁不成钢也是因为爱孩子，只是因为方法不对，而让孩子误解。

有时候，教养不需要语言，时间和关爱才是最好的育儿术。

A是我同学的哥哥。听说A在上高中时非常叛逆，凡是父母规定之事，没有一件不忤逆而为之。

父母让A参加课后补习，A说会自己复习，还和父母要了"课后补习费"，说是自己交给自己补习费。然而，A并没有在家乖乖读书，而是拿了父母的钱在外面和人家打麻将、学抽烟，日夜沉溺在牌桌上，搞到半夜才进家门。

A的父母很生气，拒绝给A零花钱。但A丝毫没有悔改之意，竟然玩到凌晨两三点才回家，周末也几乎都不在家。A的父母没有办法，只好向专业的心理辅导师请教解决之道，没想到得到的答案竟是"请用爱来感化孩子"。

A的父母想了许久之后，想出这样一个办法来。

每天A出门之前，他的父母都会准备好300元新台币亲手交给他，说："要记得吃三餐，认真读书，加油！""再见，早点回来。对了，门禁是晚上10点。"

A当然没有在10点前进家门。但是，等到12点过后，他开门进屋时，发现爸爸和妈妈竟坐在客厅里，开着电视机，睡眼惺忪地对他说："回来啦，吃饭了吗？"

A吓了一跳，默默地点了点头。他迅速洗漱完毕，就一言不语地进了自己的房间。而他的父母在确定他准备睡觉后才回房休息。

接下来的两个星期，A仍然晚归，父母还是一样早上送他出门，给他300元新台币并寒暄两句，晚上边打瞌睡边等他回家。

某一天晚上，晚归的A突然忍不住对身体不适的父母大吼大叫："你们干吗不睡觉？妈妈不是感冒发烧吗？为什么一定要这样可怜兮兮地等我？到底想让我怎样？"

A的妈妈说："你没回家，我怎么能睡得安稳？躺下也是翻来覆去睡不着，还不如坐在这里等你回来。"

"那我要是不回来呢？"

"我会把你找回来。你是我生的，不管你跑去哪儿，我都一定能找到你的。"A的妈妈边咳嗽边说。

"你们怎么这么烦啊，可以不管我吗？"

A的父亲心平气和地说："我们没有管你，只是在等你回家。儿子没回家，爸妈担心是必然的。"

"唉！你们到底要怎样？"

"我们在想什么，你比谁都清楚，不是吗？"A的父亲看着儿子，轻声地说。

A看了父亲一眼，头也没回地走回屋子，甩上房门。

翌日晚上，A仍然是超过半夜12点才进门。

但是又过了一天，A在晚上10点半前就到家了。

A的父母还是只问了一句："吃饭了吗？"

A叹了一口气，没有说话就回到自己的房间。

接下来的一个星期，A都在10点左右回到家。

后来听说A虽然没考上大学，但主动提出上补习班的要求。虽然烟瘾没戒掉，但是他已经不打麻将了，每天补习结束就准时回家，跟父母一起吃宵夜，还会聊上几句。

A的父母没有再提起儿子的"风光史"，一家人又回到了平静的生活。

上面的这两个例子让我们学习到，给孩子说故事，美丽的文藻、丰富的内容都是其次，真心诚意才是关键！

天底下没有无可救药的孩子，只有不愿意付出的父母。

家长在赋予孩子生命的那一刻起，就与孩子建立了终生契约，而这个关爱与责任的合约的期限，将一直延续到父母闭上双眼的那天为止。

当孩子的路走偏时，家长不妨先静下心来把这个合约"复习"一遍，并且将这个羁绊用真心传达给孩子，而这就是生命的故事。

给青少年父母的一句话：
用故事帮助孩子实现自我成长

　　孩子在幼儿时期有生理断乳期，而在青少年时期则有心理断乳期。心理断乳期意味着孩子开始告别儿童时代的某些认知方式和生活方式，逐渐试图独立，想要像成人一样思考、做事。

　　"自我同一性危机"是美国心理学家埃里克森在其人格心理社会性发展理论中使用的术语。"自我同一性"是指个体在特定外部环境中对自我一致性和连续性的主观感觉和体验。"自我同一性危机"则是指青少年在寻求自我同一性的过程中出现的同一性混乱的现象，主要表现为：不能进行恰如其分的自我评价，冷漠，缺乏理想和目标，缺乏处理矛盾和适应环境的能力，缺乏对社会和环境的认知。出现这一现象的原因主要是：青少年开始有强烈的"成人感"，但在心理层面还很稚嫩，导致自我同一性混乱。

　　与青少年时期的孩子相处，父母要考虑处于这一时期的孩子的心理特点，帮助孩子顺利地从儿童成长为生理、心理上都成熟的大人。

对于青少年，家长与其告诉他们该怎样编织人生的故事，不如放手让他们创造自己的故事。青少年时期的孩子需要的不是家长按部就班的指点、身体上的如影随形，而是心灵上的支持、陪伴与信任。将孩子的一举一动、一颦一笑都看在眼底，却不叽叽喳喳地唠叨个不停，而是在他们感到茫然或者不小心误入歧途时，如同屹立不倒的灯塔一样为他们指引正确的方向。父母在引导孩子时，要顾虑到孩子的自尊心，以一种比较温和的方式帮助孩子。

应适当地提醒孩子做人做事的底线在哪里，而不是阻止孩子接触任何新事物。当孩子犯错时，父母可以将自己的伤心与愤怒告诉给孩子，并让孩子明白自己错在哪里，帮助孩子改正。任何时候父母都绝对不能放弃自己的孩子，要给孩子时间和空间思考、成长。

对待青少年时期的孩子与对待幼儿时期的孩子不同。对于小朋友，父母要从细节教起；对于青少年时期的孩子，父母只需要抓稳大方向，至于中间的琐琐碎碎，由孩子自己来判断就好。

对一些青少年时期的孩子来说，与父母相比，他们可能更喜欢和朋友在一起。这虽然不是一件坏事，但若是孩子能认为自己的父母充满智慧、值得信赖，甚至是全天下最了解自己的人，愿意与父母说心事，那就更棒了。

唯有信任和放松的感觉能让孩子完全敞开心扉。若是家长能让自己的孩子在这样的感觉中成长，那么肯定能陪伴孩子创造出属于他自己的青春札记。而当孩子成为那美丽的蝴蝶时，一定也不会忘记陪同自己一起努力奋斗过的父母！

父母小帮手：

解决父母的难题！青春期孩子常见问题

Q1：青春期的孩子谈恋爱，父母该怎么看待？

A1：处于青春期的孩子会开始对异性产生强烈的兴趣。有些父母因为怕孩子耽误学业、太早发生亲密关系、被骗……而下了"禁爱令"，对孩子和异性的交往严加戒备，察觉到一丝恋爱的迹象就怒不可遏。其实，父母可以用合适的方式大方地和孩子谈关于早恋的话题，告诉孩子不能因为早恋影响学习，让孩子学习一些生理健康的知识，教导孩子如何正确地与异性相处，让孩子了解正确的爱情观……父母和孩子沟通时语气要温和，对已经发生早恋的孩子要表示尊重和理解，让孩子觉得父母值得信任，这样孩子才会愿意和父母聊心事，也愿意听父母的建议。解决青春期的孩子的早恋问题，重点是教，而不是管。

Q2：孩子沉迷于网络，父母该怎么做？

A2：在这个信息时代，"网络成瘾"是青少年常见问题。遇到这种问题时，父母要避免一味地训斥、说教，因为这样反而会产生负面效果。"在家长错误的教育方式和方法下，孩子在现实生活中长期没有快乐，没有追求，在青春期形成了没有价值感和没有成就感的状态，他们就会沉迷在网络游戏中，无法自拔。"可见孩子的网瘾其实是父母之过。要让孩子戒网瘾，父母就要经常和孩子进行良性沟通，用爱帮助孩子在现实生活中找到快乐和追求。内心充实、有责任感和上进心的孩子是不会沉迷于网络的。

Q3：怎么和孩子讨论他们的未来？

A3：青少年时期的孩子很容易对未来感到彷徨，父母在这时也经常会替孩子感到紧张。和孩子谈未来，要用"讨论"的方式，而不是"建议"——让孩子自己找选项，而不要给他现成的选项、限制他的思想——孩子的未来需要他自己创造。父母也可以提供范例，让孩子参考。父母在和孩子讨论时，要懂得倾听孩子的意见。父母是孩子的向导——不只是教孩子怎样做事，更要教孩子如何做人。懂得如何做事做人的孩子自然会有好的未来。

第二篇

说好故事，给孩子源源不绝的成长动力

好故事的小种子，会在孩子心里长成智慧与创造力的大树。

第五章

儒家哲理小故事，培养孩子的品格

提醒孩子多存感恩之心，以爱为出发点来看待世界

如果家长是魔术师，"经典"就是用于培养孩子的魔术道具。父母要设法让孩子乐于阅读"经典"——不只是因其中的意境而感动，更会将其中的道理实践于生活之中！

博大精深的中国文化暗藏着不少待人处事的"小贴士"。古时候的将相圣贤阅读百家思想、经典，不只是为了增长知识、取得功名，更是为了明理懂事，能成为具有高尚品德的顶天立地的国家栋梁。

古代圣贤留下来的经典是很好的帮助孩子茁壮成长的故事书。"根深则叶茂，源远而流长"，身为炎黄子孙，从小植根于中国传统文化的智慧土壤之中，随着年龄的增长，就会慢慢形成良好的道德品质、人文素养。

然而，说到"经典"，总是让人联想到枯燥、死板。所以当我们将经典中的哲理讲给孩子听时，要使用现代字汇辅以生动的表达方式，才能比较容易地让孩子爱听、听懂。

"经典"是古代圣人的智慧凝结。父母可以将"经典"用说故事的方式讲给孩子听，让孩子从中国传统文化中学习"仁、义、礼、智、信"，学会如何做人做事。

与时俱进的老智慧

我记得在中学时期，虽然每天被要求背诵孔、孟、老、庄，但总是觉得这些"老东西"毫无用处。然而，在出国留学期间，我发现这些我曾经拒绝学习的"老旧文化"，在外国朋友的眼中却是神圣的"宝物"。

一位美国友人曾对我说："中国经典里的一个故事或者短短的一句话就能道尽人生的酸甜苦辣，真的很有智慧。"

还有一位法国友人对我说："每当我感到烦恼时，就翻一翻《论语》，因为时常能从中找到答案。"这位朋友甚至开玩笑说，《论语》对她来说比心理医生还有用。

听到这些评语之后，我时常在想，欧美国家在文化、思想等方面与中国大不相同，为什么那里的朋友这么喜欢中国的传统文化呢？

有一天，我在看《论语》时恍然大悟：我在上语文课时学习《论语》，只是专注于字面意义，并没有深思其中的含义，而外国朋友在看《论语》时，却着重于哲学和心灵层次上的解读。

所谓"经典"，就是即使过了好几千年，不管使用哪种语言，都能让人增长智慧，提升心灵修养。

中国的传统文化中有很多经典，我建议先从《论语》的"五常"来给孩子讲起，因为孩子最常听到，也比较容易在日常生活中实践。

什么是"五常"

"五常"是中国儒学文化中的重要思想，最早源于孔子。孔子提出"仁、义、礼"，孟子将其延伸为"仁、义、礼、智"，而董仲舒将之扩充为"仁、义、礼、智、信"，即我们现在说的"五常"。这"五常"贯穿于中华伦理的发展中，成为中国价值体系中最基本的核心因素。

孔子将"智、仁、勇"称为"三达德"。子曰："仁者人也，亲亲为大；义者宜也，尊贤为大；亲亲之杀，尊贤之等，礼所生焉。"

之后，孟子在"仁、义、礼"后加入"智"，构成"四德"（或"四端"），曰："仁之实，事亲是也；义之实，从兄是也；礼之实，节文斯二者是也；智之实，知斯二者弗去是也。"

最后，董仲舒将"信"加入其中，并将"仁、义、礼、智、信"说成是与天地同长久的经常法则，是常道，从而确立了中国儒学文化的"五常"思想。

第一课："仁"，说慈悲的故事

孟子说："恻隐之心，人皆有之。"但是人们有时会因为受到外界的影响和利益的诱惑而使原有的"仁心"被私欲遮蔽，以"利己"为出发点来做事情。在任何时代、任何社会，这种行为不只是不符合道德规范，更可能会破坏公平、公正的社会秩序。

要想让孩子始终持有一颗"仁心"，能设身处地地为别人考虑，身为家长的我们就要时常提醒孩子"多存感恩之心，以爱为出发点来看待人、事、物"。

小宝贝们跟家长学做"仁者"

孟子曰："仁者爱人。"意思是说，仁爱的人爱别人。对于0~3岁的宝宝，父母在日常生活中应教导孩子尊敬、爱护每一个生命，具有怜悯之心，即教他们如何做到"仁"。

教导孩子有"仁心"，父母要以身作则。

天津某游乐园的水池里养着一对美丽、高雅的白天鹅。一次，我正带着孩子在游乐园里观赏天鹅，站在我们旁边的一位爸爸突然对他的儿子说："瞧，这鹅长得真肥，抓来烤着吃肯定好吃，要不煮个鹅汤也行！"正认真看天鹅的那个两三岁的小男孩儿抓了抓脑袋瓜，指着另一只天鹅说："不要，我要吃这一只。爸爸赶紧给我抓呀！"这位父亲竟笑着直夸自己的孩子很有胆识。这样的父亲会教出有仁爱之心的孩子吗？

上面那个负面的故事是让父母引以为戒，而这里还要讲一个父母教导孩子的正面的故事。

一只受伤的信鸽因为迷路不小心飞进一间民宅。住在这里的一家人立刻收留了信鸽，并将它带到动物医院接受治疗。在信鸽完全康复之后，这家的男主人经过努力终于与信鸽的主人取得了联络。虽然年纪尚小的儿子因为喜欢那只鸽子很是不舍，但是父亲坚持要将信鸽还给主人，让鸽子回到原本的生活中。于是，他带着儿子一起将信鸽送回主人家。这位父亲正是在用行动教导孩子如何做一个有"仁德"的人。

启发孩子的仁心仁德，是自孩子出生那一刻起父母就可以做的事。从父母身上感受到的慈悲，将是植于孩子心中的善良的种子。

用"同理心"为人处事，是"仁"的表现

子贡问曰："有一言而可以终身行之者乎？"

子曰："其恕乎！己所不欲，勿施于人。"

在教导学龄前儿童时，可以将"仁"解释为"同理心"。"同理

心"是一种站在对方立场思考的人际交往方式，即将心比心、感同身受。这个年纪的孩子往往只考虑自己的观点和想法，而不知道为了事情与人际关系的圆满需要考虑对方的感受。

用善意理解对方，懂得宽容，是"仁"的一种表现。对此，父母不要做错误的示范。

一个在日本幼儿园中班就读的男孩儿，在上完游泳课更换衣服时不小心错穿了班上一个女生的内裤，可是他自己并没有发现。晚一点来换衣服的小女生发现自己的内裤不见了，就哭哭啼啼地告诉了老师。老师帮小女生穿上留在学校备用的内裤，并检查是哪个小朋友穿错了。这时才发现是这个小男生穿错了。

于是，老师让小男生把穿错的内裤脱下来，放在一个袋子里。放学时，老师将装有小女生内裤的袋子私下交给了小女生的妈妈。这位妈妈很生气，大声嚷嚷说："那个小男生怎么可以如此莽撞？""臭男生穿过的内裤怎么还能让我带回家？"女生的妈妈要求老师把装在袋子里的内裤拿去丢掉。

之后，女孩的母亲还要求男孩儿的母亲道歉，并且赔偿一条新的内裤。

原本只是一个无心之错，却演变为整个幼儿园都知道的糗事。小男孩儿的母亲当然感到很伤心，也很丢脸。但是最难过的莫过于那个仅有四岁的小男孩儿。他连"痴汉"是什么意思都不懂，就被胡乱地冠上这个骂名。这件"小事"可能会长时间地在小男孩儿心中留下阴影。

小女生的母亲在处理这件事时没有考虑男孩儿和男孩儿母亲的感受，小题大做，不仅抹杀了自己孩子的仁心，也断了孩子的善缘。

用"同理心"为人处事，可以让孩子有更好的人际关系。

对小学阶段的孩子来说，家长是最好的"四非礼"的守门员

颜渊问仁。子曰："克己复礼为仁。一日克己复礼，天下归仁焉。为仁由己，而由人乎哉？"颜渊曰："请问其目。"子曰："非礼勿视，非礼勿听，非礼勿言，非礼勿动。"颜渊曰："回虽不敏，请事斯语矣。"

小学阶段的孩子在身心等各方面都比六岁之前的孩子更成熟，而相比幼儿园，学校对孩子的要求更严格，也更注重孩子的品德教育。对家长来说，这一时期正是塑造孩子"仁心"的好时机。父母要教导孩子明辨是非，凡事依礼而行，控制好自己的心念。

与以前的孩子相比，现在的孩子更早熟。有的孩子为了达到自己的目的，可能会使用一些花招。

有一个上小学五年级的小女生，生长在一个富裕的家庭中。这个小女生的父母都是高级知识分子，但是因为忙于工作而忽略了对她的关爱。小女孩儿为了让父母关心自己，便欺骗父母说班主任老师每次都在上课时间让他们看影片，完全没有在教书。望女成凤的家长立刻与学校联络，希望校方能惩罚那位老师。之后，小女孩儿的父母因为忙碌，没有再问起这件事。

小女孩儿很不甘心父母再次冷落了她，于是她又想出一个办法。某日，她哭哭啼啼地从学校回到家，一句话也不说。第二天早上，她又从哭得红肿的眼睛里"挤出"几滴泪水。这使她的父母急忙问她落泪的原因。父母问了好多次之后，她才说她被男班主任老师"性骚扰"，那个老师曾多次故意用手肘碰她的胸部。

女孩儿的父母立即请了一天的假，到学校兴师问罪。校长和教务主任找来几位与女孩儿比较亲近的同学问话，没想到她们口径一致，都将矛头指向班主任老师。经过一个月的调查，学校决定暂时让那位班主任老师休假。

学校的这个决定让其中的一个孩子发现这个玩笑似乎开得太大了，竟然害老师背上了污名。她从来没想过要害老师，只是单纯地想帮女孩儿找回父母的重视而已。于是，她首先向亲人坦白，然后又告诉了学校里的其他老师。在这之后，原先出来做证的那几个同学纷纷说出实情，最终还老师以清白。

女孩儿为了自己的私欲，欺骗父母，诬陷老师，就是因为她不懂得不可为"四非礼"之事。

校园暴力也是因为孩子缺少关于"仁"的教育。一个人生理上的发育成熟不代表心理上的成熟。如果没有仁心仁德，不知道哪些事情是不可以看、不可以听、不可以说、不可以做的，即使生理年龄很大，这个人的心灵也只是处于幼儿期——总是为所欲为，行为嚣张而不知收敛。

孩子在开始"走歪"时，都会有一些征兆——孩子绝对不是一下子就变坏的。即使交到坏朋友，如果有家长的守护与引导，孩子仍然可以做个善良的好孩子。家长不要因为孩子上小学之后有老师管教就疏于对孩子的教导，良好的性格和品德仍需要家长亲自帮助孩子塑造。

唯仁者，能好人，能恶人

子曰："唯仁者，能好人，能恶人。"这句话的意思是说，只有仁者才能公正地喜爱应当喜爱的人，厌恶应当厌恶的人。

青少年时期是孩子从儿童发育为成人的过渡时期。处于这一时期的孩子有时俨然像个"小大人"。但是，与成人相比，青少年时期的孩子辨别是非的能力还比较弱，这就需要父母引导孩子以仁者之心明辨善恶。

每次出现负面新闻，特别是牵扯"名人"的负面新闻时，台湾的一些新闻媒体就会炒作，甚至会出现不客观的报道，青少年时期的孩子很容易其影响，偏听偏信，草率地做出错误的判断或者发言。这时，父母要帮助孩子看清真相，认清事件中的是非曲直，不要"人云亦云"；要告诉孩子事件中的当事人做错了，并不代表其家人也有错，在批评当事人的错误行为时，不要殃及无辜。

仁者有一颗理智、公义的心，因而能客观、公正地辨别善恶。父母要帮助孩子形成正确的是非观念，并让孩子通过不断加强自身修养努力成为"仁者"。

第二课："义"，说合宜的故事

《中庸》言道："义者，宜也。"《说文解字》对"义"字的解释为："义之本训谓礼容各得其宜。"唐代的韩愈在《原道》里将"义"字解释为："行而宜之之谓义。"《新华字典》对"义"字的解释为："正确合宜的道理或举动。"

综上所述，"义"字的意思是"正当的行为，合宜的行事"。

让孩子学会独立，不要"陷孩子于不义"

现在，中国的很多孩子都是独生子女。这些孩子因为父母、祖父母等长辈的溺爱成了爸宝、妈宝、爷宝、奶宝。

我曾听在台湾某小学任教的朋友说，读小学五年级的学生中竟然还有人不会自己系鞋带而要求班主任老师帮忙。长得比父亲还高大的高中男同学，每天上学、放学还得让姥爷或爷爷接送，并让长辈帮他们背书包、提袋子，自己却什么都不拿，像个"大少爷"似的走在前面。

这些"劳动者家长"没有发现，他们的"过度勤劳"让孩子失去了学习独立的机会，会让孩子养成胆小、幼稚、任性、粗暴、无责任心的性格。孩子一旦离开长辈，就会无所适从，不能适应社会。父母的过度疼爱就是"陷孩子于不义"。

欧美、日本的家长很注重培养孩子的独立性：从孩子两三岁开始，就训练他们自己的事情自己做，不要总是想依靠别人。

让孩子学会独立，不只是让孩子能独立做事，还要让孩子懂得独立思考。爱因斯坦说过："学会独立思考和独立判断比获得知识更重要。"要训练孩子养成独立思考的习惯，有什么事情，尽量让孩子自己做决定，父母只是在孩子感到迷茫时给予指点。

独立能力强的孩子在长大后通常具有更强的竞争力，请父母不要扼杀孩子的这种能力。

孩子不是故意犯错，而是没有厘清善恶

孟子曰："无羞恶之心，非人也。"又云："羞恶之心，义之端也。"孟子认为人都应明是非、知荣辱，这种"羞恶之心"就是"义"的起点。

对于进入幼儿园开始适应集体生活的学龄前的孩子来说，明白哪些事情该做、哪些事情不该做，是很重要的，因为这个阶段的孩子正在为自己的生活习惯、性格养成奠定基础。

学龄前的孩子因为年纪小，辨别是非的能力很弱，所以需要父母给予正确的引导。

我四岁的女儿受到日本卡通片中的人物"面包超人"的影响，常常握着小拳头，使出"面包拳"来和爸爸、哥哥玩耍。回日本过年时，个子矮小的她站在高大魁梧的祖父身边显得更娇小，祖父祖母很疼爱这个"小人儿"。女儿也很喜欢爷爷、奶奶，有时还和祖父母玩"面包拳"的游戏。虽然女儿的力气小，打在身上不疼，但我还是出口对女儿进行了管教。我的公婆却护着孙女说"没关系，孙女只是在和我们玩"。我也只好不再深究。

后来，有一次，女儿在学校和朋友打招呼时竟然也用了"面包拳"。虽然女儿只是轻轻地打了那个男同学一拳，但是这个错误举动在大庭广众之下显得非常醒目，把我和儿子吓了一大跳。我赶紧向对方赔不是。

对于让女儿不再用"面包拳"打人，我们花了不少时间。起初，女儿坚持她没有错，她说她只是在和朋友玩，就像和祖父母一起玩时一样，而且对方不会感到痛。我们只好想尽办法说服女儿，告诉她动手打人，不管是不是有恶意，也不管是不是会打疼别人，都是不友好的表现，在一般大众的观感中，这都是一种欺侮他人的不正当行为。最后，女儿终于同意不再用拳头来打招呼。

这个经验也告诉我，女儿用"面包拳"打人，不是因为女儿没有"羞恶之心"，而是我们当大人的没有明确地教导她正确的是非观，小小年纪的她不清楚自己做了错事。孩子有时不是故意做错事，只是没厘清善恶。父母需要耐心教导孩子，帮助孩子形成正确的是非观念。

不取、不看、不摸、不听

孟子曰："非其有而取之，非义也。"这句话的意思是，拿取不属于自己的东西就是不义。父母要教导孩子，未经允许，绝对不可以随意拿取或擅自使用他人物品；随意翻别人的书包、抄袭同学的想法或者考试作弊都是不对的——"别人的东西"不只限于实物，还包括知识和思想。这种心智上的锻炼和行为上的修正不能只靠老师教，更需要父母的示范。

我从小生长在大家庭里，家中的长辈经常告诉我不要碰不属于自己的东西。叔叔和姑姑不在家时，也不要随意进入他们的房间，就算有事情不得已进去了，也不可以擅自触摸他们的东西。我上小学时对妈妈的皮包很感兴趣，有一次忍不住打开来偷看，而后果便是招来一阵怒骂。我再也没有做这样的事情。

我也是用这种观念教育孩子的。没经过孩子的允许，我不会随意打开他们的书包；长辈送东西给他们时，我也会原封不动地交给他们看过之后，再检查内容；先生或我的手机响时，未经允许，我们都不会替对方接听，也不会私自审阅来电者为何人。对我来说，这是对他人的一种尊重。

或许，有些人会说："我不是故意偷看，只是他不肯对我说，让我很担心，所以我只好这么做。"其实，不管是家人或是朋友，都有自己的隐私权。再亲密的两个人之间也会有一两个秘密。当别人不愿意分享时，又何必拆穿？

父母要告诉孩子，如果有必须要知道的事情，就直截了当地问对方；在询问对方时，要诚恳地向对方表明询问的理由，用诚心打动对方。

做事情的方法有很多种，父母要教导孩子用光明正大的方式做事。

不取、不看、不摸、不听不属于自己的东西，是一种行为上的自律。父母在教导孩子自律时要以身作则。

真正的朋友

很多人都听过《两个好朋友和熊》的故事。因为比较经典，也比较容易听懂，所以这里就用这个故事告诉孩子什么是义气、什么是真正的朋友。

两个好朋友走进一片森林，突然遇到一只熊。其中一个人立即爬上树，躲了起来。而另一个人想起曾听说过熊不吃死人，就马上躺在地上，屏住呼吸，假装死了。熊走到他跟前，用鼻子在他脸上嗅了嗅。不一会儿，熊就转身走了。躲在树上的人下来后，问地上的那个人熊在他耳边说了些什么。那个人回答说："熊告诉我，不要和那些不能共患难的朋友同行。"

在朋友需要的时候予以援助，才是有情有义的表现。

第三课："礼"，说敬人的故事

孟子曰："敬人者，人恒敬之。"这句话的意思是说，尊敬别人的人，别人也会尊敬他。

礼有五美德，即貌、敬、谦、让、谨，也就是仪容行为端正、言语行动合乎中道、谦虚逊让、扬善忍辱、处事慎重和暗室无欺。

我们常说，要孩子做个懂礼貌的孩子，再三告诉孩子看见熟人应该打招呼，受到恩惠应该感谢，做错事要道歉。其实这些只是守"礼"的皮毛而已，更重要的是要以礼来洗涤孩子的心灵，让孩子成为明礼之人。

教出谦逊的孩子，是家长一生的荣耀

《释名》曰："礼，体也。言得事之体也。"礼是一个人为人处世的根本。中国是礼仪之邦，从古至今，"礼"都是人与人交往中应遵守

的道德规范。父母要教导孩子内外兼修，谦恭知礼。

我和儿子都对曾经遇见的天津的一对母子印象深刻。那一天，我和儿子走进电梯时，一个比儿子高半个头的男孩儿用爽朗的声音和我们打招呼："阿姨好。是小弟弟吧？你好！"

那时我已经在天津住了四年多，遇见的会主动和陌生人打招呼的人很少，尤其是小孩子。这个孩子会主动和我们打招呼，让我很惊讶。小男孩儿还很细心地提醒他的母亲："妈妈，自行车别碰着小弟弟，咱们把它拉过来一些。"

我赶紧说："没关系，不用了，谢谢。"

小男生听我和儿子说日语，又看见我的儿子背的书包上挂着日本人学校的名牌，便问道："阿姨，这位小弟弟听得懂中文吗？"

我点头回应，表示儿子能听懂中文。

"那他会说英文吗？"

儿子害羞地用中文回答："不会。"

小男孩儿的妈妈笑着说："你才学习了几年英文，就自大了？"

"不是的。我说的英文，只是'三脚猫功夫'，小弟弟说的却是正统的日文。他比我强多了。"

我们到了所住的楼层走出电梯时，小男孩儿大声地和我们说"再见"，让我和儿子感到很温馨。

后来，有一次，我和男孩儿的妈妈还有另一位邻居一同搭电梯，从她们两人的对话中得知那个小男孩儿正读五年级，成绩优秀，是天津市重点培养的资优生，还曾被送到美国暑修三个月。当时我心里想："一个'小天才'，谦逊、体贴、和善、有礼，他的父母教育得真好。"其实，我在和男孩儿的母亲寒暄、打招呼时，从她自信却不张扬的笑容里看出她也是个"深藏不露的高手"。

谦逊有礼的孩子，不躁进也不炫耀，如同稻谷越丰硕，头却越低。这样的孩子怎么会不让人喜欢？

鼓励青少年，做个知书达礼的好青年

子曰："不学礼，无以立。"意思是说做人要有礼貌——没有礼貌怎么在社会上立足？

这里要说的是孔子和他的儿子孔鲤的故事，看看孔子是怎么教育孩子做个"知书达理"的人的。

有一天，孔子站在庭院里，他的儿子趋而过庭（"趋"是小步快走的意思，这是一种表示恭敬的动作。在长辈的面前，低着头，很快地小步走过去就是"趋"）。正恭敬地快步穿过庭院的孔鲤被孔子喊住："今天学诗了吗？"孔鲤低着头回答："没有。"孔子说："不学诗，你怎么会说话？"于是，孔鲤赶紧退下去学诗。又有一天，孔子又站在庭院里叫住趋而过庭的孔鲤。孔子问："你学礼了吗？"孔鲤回答说："还没有。"孔子说："不学礼，你怎么立身处世？"于是，孔鲤赶紧退下去习礼。

从这个故事中，我们可以看出，孔子教导儿子孔鲤"每天都应读诗学礼"，其实就是教导孩子要做有知识、懂礼貌的人。

《礼器》曰："忠信，礼之本也；义理，礼之文也。无本不立，无文不行。"忠信是礼的内在实质，得理合宜是礼的外在形式。没有内在的实质，礼就不能成立；没有外在的形式，礼就无法施行。

日本的一些大企业曾经有这样一种传统：在正式录用新员工或者提拔员工时，请他们一起用餐，从餐桌的礼仪上来判断这些人的家教、人格、修养。

譬如说，用餐时间是从晚上七点开始，这时，公司里年资越浅的员工越应该早到，看看是否有需要帮忙的地方。最高领导入席时，才能举杯开动。而主考官会对员工如何选座位、举杯的方式、动筷夹菜的方式等进行评分。比如，有些人喜欢从一盘菜的最底层夹起，把整盘菜翻得乱七八糟的，这种人就会立刻被打一个大"×"，因为这是"自私自利、没有远见"的表现。

喝了几杯酒之后，主考官会故意吹捧被秘密测试的人，看他们是否会推功揽过，是懂得谦逊，还是自傲自大，等等。最后，主考官可能还会故意让被测试的员工拿公款去付钱，并提醒他们，剩下的钱可以收进自己的荷包中。由此来试探，哪些人谨慎、不贪婪、行事不偏颇，哪些人受了诱惑就将做人的准则抛在脑后。

由此可知，我们可以从是否懂"礼"看出一个人是否具有良好的品德修养。

这个世界需要的是德才兼备的人，良好的品格是迈向成功的关键。

父母不仅要教孩子会读书，更要教孩子会做人。

第四课："智"，说智慧的故事

孟子曰："是非之心，智之端也；无是非之心，非人也。"简单来说，就是每个人都应有明辨善恶对错的能力。

一些家长将"大智慧"理解为"高智商"，更是简单地用学习成绩衡量孩子是否聪慧。其实，有智慧的人不仅有渊博的知识，还懂得进退合宜，不受诱惑，心存一把尺，不偏离正道过日子。

有大智慧的人，不仅有高智商，更有高情商。

智者必谦和

智者因为有智慧而多思，而兼听，因而谦和。父母要教导孩子做懂得谦和的"大智者"，而不是只有学习成绩好，却不懂得如何为人处事的"小智者"。

我的一位朋友的孩子Z，活泼外向，学习成绩优秀，会画画，会弹琴，运动也很好。这样一个看起来几近完美的孩子却让父母很头疼，因为他很容易发脾气，经常和人打架。从Z上小学起，他的妈妈就时常跑学校，向被Z打了的同学的家长赔不是。因为Z一直是个成绩优异的"好学生"，所以那些同学的父母认为Z不是故意打架的，又念在自己孩子伤得不重，就都原谅了他。

上初中后，Z和上小学时一样，不开心便动手。Z和他的家长仍然没有意识到，Z不能控制自己的情绪、经常发脾气是个严重的问题。有一次，Z在和同学打架时把同学推倒在地，害同学折断了手骨。Z因此被记了个"小过"。Z的父母这时也没想要让Z改一改这个毛病，反而拜托老师：希望同学不要惹Z生气，否则倒霉的会是同学自己。

直到上了高中，某天晚上放学后，Z在独自从暗巷走回家时，被人从身后捅了一刀，幸好有路人报警求救，Z被及时送往医院救治。后来经过警方调查，才知道Z在学校为了打扫卫生时的分工问题和同学吵架，又出手打人，才会引来同学的报复。

警方的辅导人员了解了Z的情况之后，直截了当地说："我从没见过如此不负责任的家长和如此愚蠢的高才生！"

Z的父母和Z都吓了一跳，不明白辅导人员的意思。

辅导人员解释说："这么会念书，怎么就不懂得反省？脾气、个性是可以完善的！一个成功的人，不应只是会念书，还要懂得自我约束和有和谐的人际关系。"

Z的妈妈面带愁容地反驳："这脾气是天生的，怎么能改过来啊？"

辅导人员严厉地回答："没有改不了毛病的孩子，只有没有智慧的家长。"

这句话让Z的父母猛然惊醒，重新将Z的成长过程想了一遍，发现Z的坏脾气其实是因为父母的娇纵而养成的。Z的父母一心一意将心思放在孩子的学业上，却忽略了对孩子心智上的培养，让Z养成了用拳头来发泄情绪的坏习惯。

此后，Z的父母让Z多接触正面的解决矛盾的方式，让他学会控制自己的情绪，用正确的方法来表达自己的意见。

科学文化知识，可以从老师那儿学；心智上的成长，则需要家长的循循善诱、耐心教导。父母要用自己的智慧帮助孩子成为有智慧的人。

智者不惑

子曰："智者不惑。"有智慧的人不管遇到什么样的情境，都能想透彻，不受迷惑。不只是孩子，就算是大人要达到这个境界也很不容易。但是，父母可以和孩子一起成长，努力成为耳清目明的智者。

要做到"不惑"，最重要的就是：第一，要有知识，懂常识；第二，明白是非，知道做事的分寸；第三，要有独立思考的能力。

春秋时期，宋国司城子罕为人公正廉洁，因而受人爱戴。有一个人要将一块宝玉献给子罕，但被子罕拒绝了。子罕对献宝的人说："您以玉石为宝，而我以不贪为宝。如果我接受了你献的玉，那我们两人就都失去了自己的宝物。倒不如我们各自拥有自己的宝物吧！"

这个故事是说，在他人眼中，玉是宝物，但是对子罕来说，保持廉洁的高尚品德才是生命中所要珍惜的宝物——只有智者能懂得什么是真正的宝物。

　　孩子长大一些，便开始有攀比的心态，看同学、朋友做什么、有什么，就会向父母要。这时，父母不要因为懒得解释，就随便和孩子说"我们家没钱，所以不买"这类搪塞的话，也不要放纵孩子不合理的要求。孩子因为年纪小，心智还不成熟，受到不良环境的诱导就可能有攀比心理。父母要以身作则，耐心地引导孩子形成正确的价值观，让孩子懂得勤俭节约是中华民族的美德，不要盲目与人比较；衡量一个人是否值得尊敬的标准不是钱，而是这个人所具有的知识、品行。

　　真正有智慧的人能看清楚这个世界，明白自己的处境，懂得真正的成功和快乐不是建立在对欲望的追求之上，而是源于心灵的成长。当我们看清楚自己要走什么样的人生路时，就不容易受到外界的蛊惑。

　　父母虽然无法陪孩子走到人生的尽头，但是至少能把"选好道"的秘诀教给孩子，让孩子在未来独自面对十字路口时，不轻易误入歧途。这就是父母给孩子的最好的"智慧教育"。

第五课："信"，说诚信的故事

子曰："人而无信，不知其可也。大车无輗，小车无軏，其何以行之哉？"意思是说，一个人如果不讲信用，不知道他该怎么立身处世。好比大车没有輗，小车没有軏，该如何走呢？

一个人在群体中最好的名片就是信誉。父母要从小就培养孩子做人做事待人以诚、言行一致，做一个讲诚信的人。

信则人任焉，谨守诺言的人能获得尊重和信任

《千字文》中说："信使可覆。"意思是说诚信要经得起考验。《弟子规》中也提到："事非宜，勿轻诺，苟轻诺，进退错……凡出言，信为先，诈与妄，悉可焉。"意思是说，不合义理的事，不要轻易答应，如果轻易允诺，就会做也不是、不做也不好，使自己进退两难……讲话一定要讲信义，说谎话和大话，怎么可以呢？这两本启蒙教育书都强调教导孩子待人接物一定要讲求诚信，不要轻易允诺，说到就要做到。

这里要说的是18世纪时英国的一个关于诚信的故事。一天深夜，一位有钱的绅士走在回家的路上，被一个蓬头垢面、衣衫褴褛的小男孩儿拦住了。

"先生，请您买一束花吧。"小男孩儿苦苦哀求。

"不买。"绅士回答说。说着绅士躲开男孩儿继续走。

男孩儿赶紧追上去，哭着哀求绅士："我已经饿了一天一夜了，请您买一束花吧！"

绅士伸手摸了摸口袋，说："可是我没有零钱啊。"

"先生，这花您先拿着，我去换零钱。"说完，男孩儿拿着绅士给的一英镑跑走了。

过了许久，男孩儿也没有回来，绅士只好无奈地离开了。

第二天晚上，在回家的途中，一个小男孩儿喊住了绅士："先生，先生。"这个小男孩儿比昨晚的那个男孩儿矮了一些，穿得破破烂烂的。"先生，对不起，这是我的哥哥让我给您的零钱。"

绅士好奇地问："你哥哥呢？"

"昨天，他在换完零钱跑回来找你的路上被马车撞伤了，现在在家里躺着。"

小男孩儿的诚信让绅士深受感动。后来，绅士派人送了一笔钱给这对兄弟，帮他们减少一些养家的负担。

如果孩子说大话、谎话，或说一套、做一套，父母不要因为孩子年纪小，觉得孩子只是说着玩儿就疏于管教，这可能会让孩子慢慢养成不诚实、不守信的坏习惯。

"信则人任焉。"只有讲信用，别人才会信任你。只有诚实守信的人能获得尊重和信任。

人无信则不立，父母要做讲诚信的榜样

子曰："言忠信，行笃敬。"这句话出自《论语·卫灵公》。子张问孔子如何使自己畅行无阻。孔子答道："只要说话忠实诚信，做事忠厚敬慎，即使在蛮荒落后的国家也能行得通。相反地，若是欺诈虚伪、轻浮狂妄，就算是在自己熟悉的乡里，也能行得通吗？"听完孔子的话之后，子张便把这些话写在腰间的大带上，随时随地提醒自己。

在教育孩子讲诚信时，父母要做孩子的好榜样。父母答应孩子的事，就要信守承诺。

在训练学龄前的孩童遵守规矩、帮小学阶段的孩子养成好习惯时，父母可能会使用一些"策略"。比如，要是孩子表现好，就允许孩子吃糖等。父母如果对孩子许了这些承诺，就要做到，否则就会让孩子觉得父母不讲诚信，父母说的话当然也不能让孩子信服。

父母是否能做到"忠信、笃敬"，孩子都看在眼里，记在心里。

第六章

大人小孩都适用的"世界故事"

将好故事存放在孩子的心中

孩子，是绝对可以用故事来教的！

一个好故事，不仅能让孩子听得有趣，更能让孩子受用一辈子。

每个国家都有不同的神话、传说，这些故事中也都暗藏了许多人生智慧。父母要做的就是将故事的真谛传达给孩子。

只有孩子能听进心里的故事才是好故事

　　父母很认真地将故事读给孩子听，是想让孩子在听故事时有所启发，因而让孩子听懂故事才是说故事的重点。

　　每个孩子的想法都不尽相同，对故事的理解程度也不一样。父母不能认为只要把故事念完，孩子就明白故事的含义、懂得父母的苦心了。父母若是想用"说故事"的方式教导孩子，就要和孩子确认他听懂了多少。对于孩子不理解的地方，父母要耐心地给孩子解说。这不是说一定要让孩子正确地说出内容大纲、故事重点和读后心得，而是用适当的方法让孩子记住故事的主旨。

给孩子说故事，贵在"质"而不是"量"

我个人认为，说故事给孩子听或者与孩子一起阅读，一定要重"质"，而不是"量"。有些家长工作忙碌，不能每天给孩子讲"睡前故事"听，这其实并不一定会影响用说故事的方式教育孩子的效果。精心选择好故事，让孩子从一个故事中学会些什么，胜于父母讲了很多故事，孩子却哪个也没听懂。

父母在帮孩子选择故事时，要考虑孩子的接受程度：故事是否有趣、易懂，是否适合孩子听；孩子是否能理解故事的主旨、含义等。选择孩子喜欢听又有教育意义的故事，才能让故事发挥最好的教养效果。

仍然在学习怎样做个好妈妈的我，并没有特定的书单推荐给大家，只是用曾给我自己的孩子讲过的故事来分享我的经验。我相信每位父母也都能为自己的孩子设计、制作最理想的"故事箱"。

第一课：诸恶莫作，众善奉行

《饭团，滚啊滚！》

很久很久以前，一位老爷爷与一位老奶奶相依为命，住在山下的房子里。

有一天，老爷爷去山上捡木柴，准备带回家生火。

"时间过得这么快，已经到吃中午饭的时间啦！"

在老爷爷拿出老奶奶准备好的饭团，准备享用午餐时，饭团竟掉在地上，滚啊滚……

滚着滚着，饭团滚进了洞穴里。

老爷爷赶紧站起来，趴在洞口，准备将掉入洞里的饭团捡起来，这时却听到从洞里传来可爱的歌声。

♪饭团，滚啊滚……掉下来……滚啊滚……掉下来♪

老爷爷为这动听的歌声所吸引，便又将一个饭团滚入洞穴。

这时，悦耳的歌声再次响起。

♪饭团，滚啊滚……掉下来……滚啊滚……掉下来♪

"难道……有妖怪？"

老爷爷越想越觉得奇怪，就又把一个饭团放入洞穴里。

♪饭团，滚啊滚……掉下来……滚啊滚……掉下来♪

这时，老爷爷一不小心也落入洞穴里。

♪老爷爷，滚啊滚……掉下来……滚啊滚……掉下来♪

老爷爷掉进洞里后看见一群老鼠，原来这个洞穴是老鼠的国度。

"老爷爷，谢谢您的饭团！"

小老鼠们开心地和老爷爷道谢，并且说："为了感谢您，现在换我们请您吃饭。"

小老鼠们一边敲打着木槌做糯米年糕，一边唱着：

♪我们不想听到……喵喵……的叫声……打呀打……打呀打……♪

老爷爷吃饱之后，依依不舍地对小老鼠们说："谢谢你们的招待。我得赶紧回去了，不然老奶奶可是要担心的。"

在老爷爷临走之前，小老鼠们搬出一大一小两个畚箕，让老爷爷选一个拿回家当纪念品。

老爷爷选了那个小的畚箕。在与小老鼠们告别之后，老爷爷赶紧下山了。

回到家之后，老爷爷将在山上发生的事情告诉了老奶奶，并且将小老鼠们送的畚箕交给老奶奶。

老奶奶将畚箕拿在手上，畚箕却突然喀啷喀啷地自己动了起来。转眼之间，畚箕上装满了大大小小的银子。

"这是……简直……太……不可思议了，这么多的银子，我还是第一次看到！"

没想到，畚箕会跑出钱来这件事竟被隔壁的老先生偷听到了。

第二天一大早，隔壁的老先生就带着饭团冲到山上，对着洞穴连续扔了好几个饭团之后，自己从洞口跳了下去。

开心的小老鼠们拿出糯米年糕请老先生享用。老先生吃饱后，便对小老鼠说："你们是不是还有礼物要送给我，让我带回家？"

小老鼠们一边唱着"我们不想听到……喵喵……的叫声……"，一边合力将一大一小两个畚箕拖出来。

这时，老先生暗自盘算着："嘿嘿嘿……如果这时……猫出现，小老鼠们必定会吓成一团，这一大一小两个畚箕就都属于我了！"

"喵……喵……喵……喵……喵……喵……"

"猫……猫来了！"

"猫来了……大家快跑。"

如同老先生所料，老鼠们惊惶失措地乱跑乱窜，逃之夭夭。

这时，洞底变得黑漆漆一片，老先生什么都看不见，只能用手摸索：

"银子，在哪啊？出口，在哪边？"

但是，黑麻麻的，老先生根本什么都看不见，更不用说找银子和出口了。

老先生不安地扭动着身体，不知不觉中，竟变成了一只鼹鼠。

小知识

　　《饭团，滚啊滚！》是日本家喻户晓的民间故事。这个故事因为非常受欢迎，所以被编写成几个不同的版本，还被制作成了漫画和卡通片。

小故事，大启发

　　通过这个故事，我告诉孩子们两件事：（1）好人与坏人的差别，以老爷爷和老先生来做对照，告诉孩子不能贪婪、不能说谎；（2）爱护动物，因为动物和人一样有灵性。

　　没想到，孩子们问了一个让我感到错愕的问题："变成了鼹鼠的老先生怎么办？老先生没有回家，他的家人会担心的，不是吗？"

　　我想了一会儿，便对孩子们说："老先生心存贪念，欺骗了小老鼠，所以受到了惩罚。我相信只要老先生真心反省、愿意改过，有一天一定能够变回人类，与家人团聚的。"

　　我这样说是想让孩子知道，做错事受到惩罚是应该的，但若能虚心改过，就会得到谅解。

　　孩子的童言童语时常可以从一个故事跳至另一个故事，但每一次跳转都会生出一个教养契机喔！

第二课：做好事，自己也会感到快乐

《戴斗笠的地藏菩萨》

在日本的某个地方，住着一对贫穷的年事已高的夫妇。

除夕当天，老爷爷亲手做了五个斗笠。然后，他冒着风雪来到大街上，一边走一边叫卖："刚做好的斗笠，有没有人要买斗笠？斗笠，卖斗笠呦——"

但是，每家每户都在家里忙着准备迎接新年的到来，路上根本没有几个行人，更没有人想要买斗笠。

老爷爷非常伤心地仰望着天空，发现雪下得越来越大，地上的积雪眼看着就要有半条腿那么深了。

"唉……看起来真是没办法了。本想说，要是能卖几个斗笠，赚上几个铜板，就能帮老太婆买个礼物什么的，但看这天气，恐怕是……唉……算了，还是赶快回家吧，免得老太婆又要担心了。"

老爷爷一边自言自语，一边朝着自家的方向走去。

当老爷爷经过一块被大雪覆盖的平地时，他看见六位地藏菩萨站在那儿不动，任凭雪花打落在他们衣着单薄的身体上。

"出门时没有注意天气冷，要穿厚些吧？这风雪越来越大，想必很冷吧？"

老爷爷恭敬地将刚才没有卖出去的斗笠一个一个地放在地藏菩萨的头上。"一顶、两顶、三顶、四顶、五顶。啊呀，糟糕，少了一顶！"

老爷爷毫不犹豫地摘下自己头上的斗笠，将它戴在第六位地藏菩萨的头上。

"真是不好意思，破旧的小斗笠，还请别见怪。"

老爷爷回到家之后，便告诉老奶奶，他今天一个斗笠也没卖出去，而且把斗笠送给看起来很冷的地藏菩萨们了，连自己的破斗笠也给了地藏菩萨。

老奶奶笑眯眯地说："你这是做了一件好事。况且斗笠可以再做，没关系的。"

"今晚没什么东西吃，而且天又冷，我们早点睡吧。"老奶奶温柔地对老爷爷说。

于是两位老人家喝了几口热开水，便裹着单薄的被子上床休息了。

到了深夜，远处传来脚步声和歌声："给六位菩萨戴上斗笠的老爷爷，您住在哪儿？您快点出来开门，告诉我们'在这儿''在这儿'吧。"

听到歌声的老爷爷和老奶奶赶紧跑出家门，用因为寒冷而发抖的声音回答："在这儿，在这儿呢。"

随后，六位地藏菩萨将上面堆着满满的东西的车子停放在老夫妇家的门口，就转身离开了。

老爷爷与老奶奶发现车里有好几桶金子、一袋袋的白米、数不完的鱼，还有新衣服。

老爷爷与老奶奶双手合十，感动地对已经走远的菩萨们喊："真是太感谢了，谢谢你们。"

地藏菩萨们的回礼让贫穷的老夫妇过了一个不挨饿受冻的新年。

小知识

《戴斗笠的地藏菩萨》是日本的民间传说，据说源起于岩手县与福岛县一带。这个故事教育孩子要做善良的人，也要懂得感恩，是一个很温馨的日本传说。

小故事，大启发

从这个故事当中，我希望孩子明白的道理，并不只是"好人有好报""滴水之恩当涌泉相报"，还有"做好事，最大的收获是自己心情愉悦，所以不要计较回报"。

《戴斗笠的地藏菩萨》是儿子很喜欢的一个故事。其实，我第一次听到这个故事时，是儿子读给我听的。儿子喜欢这个故事的原因是它不像其他日本传说那样带有讽刺、警世的味道，而是一个读了会让人开心的故事。

读完这个故事之后，儿子主动对我说："所以，人要做好事，就会有好的东西随之而来。"我赞同儿子对故事的理解，但是有时故事也会有延伸，也许可以让孩子有更多的理解。

在读过这个故事几天之后，我去接儿子，他下校车时一脸的闷闷不乐。儿子不开心地对我说："今天是很倒霉的一天。"

细问之下，儿子讲了事情的经过。最后一堂课是体育课。因为有长跑考试，所以下课比较晚。与他搭乘同一班校车的某位同学动作比较慢，所以他主动帮这位同学整理书包，并等那位同学换好衣服，才一起上车。他们两个是低年级里最后上校车的学生。他们虽然刚好赶上校车，但因为差点耽误发车的时间，所以被高年级的学长批评了。没想到，动作慢的那位同学竟然和学长说是因为他帮忙收拾东西时太慢了，所以才会迟到的。

儿子认为，他做了好事，不但没有得到感谢，还要"背黑锅"，所以越说越生气。

于是，我问儿子是否有和学长解释。

儿子摇摇头，说："上车晚了是事实，所以没什么好说的。"

我伸出手紧紧地抱了一下儿子："我觉得你很棒啊！"

"哼!"

"既然你是自愿帮忙的，那就不应该抱怨。"

"可是，他没有对我说'谢谢'，还……"

"帮他的时候，你很开心吧？在做'对'的事情时，不要计较是不是会得到称赞，因为这是你应该做的。其实，在做好事时，自己也会觉得快乐，不是吗？"

儿子听了我的话就不再生气了，只是嘟着嘴装作不高兴的样子说：

"什么嘛？妈妈和《戴斗笠的地藏菩萨》里的老奶奶一样，都不会多夸奖几句。"

我不禁哈哈大笑，亲了亲儿子的脸颊："这就是最好的奖励啰！"

第三课：说谎话，倒霉的会是自己

《猴子和海豚》

有一位航海家从希腊出海远航。为了在漫长的旅途中消遣、解闷，他随身带了一只聪明的猴子。

没想到，船刚离开希腊就遇上了狂风暴雨。当船被风浪打翻时，船上的人和那只猴子都跳入海中，在海中拼命地游着，以保住自己的性命。

海豚从远处看见那只猴子在随着波浪沉沉浮浮，误以为它是人类。因为将友善的人类当作朋友，所以海豚快速地游到猴子的身边，让猴子骑在自己的背上，准备把它送往岸边。

当它们快到达岸边时，海豚问猴子："你是希腊人吗？"

猴子犹豫了一下之后竟回答："是的，而且我的家族还是名门望族。"

海豚接着问："请问您是否知道比雷埃夫斯（希腊东南部一个著名的港口城市）？"

猴子以为海豚问的是一个人，便回答："我当然认识他，他可是我的至交啊。"

这时，海豚恍然大悟，原来猴子一直在对它撒谎。气愤的海豚瞬间潜入水底，猴子便因此而溺毙了。

吹牛、说谎等欺骗行为，可能会让一个人付出沉重的代价！

小知识

　　《猴子和海豚》是《伊索寓言》里的一篇故事。《伊索寓言》相传是古希腊一位名叫伊索的人创作的，其中收集了许多古希腊的民间故事。《伊索寓言》中的故事虽然篇幅短小，却能阐述大道理。因为很多故事都是将动物拟人化，所以孩子比较喜欢听，而故事中蕴含的智慧既浅显易懂，又发人深省。

小故事，大启发

通过这个故事，我想告诉孩子的是：不论在什么情况下，都不要说谎。故事中的猴子即使在被海豚搭救时承认自己不是人类，好心的海豚也可能还是会救它。猴子的谎话不但伤害了海豚的感情，也害了自己。

这个故事要说的是"说谎、欺骗别人是不对的行为，往往伤人又害己，每个人都要做诚实的人"，而我四岁的女儿却有她自己的想法。

女儿在听完这个故事之后问我："海豚不是好人吗？刚刚不是救了

猴子吗？为什么又把它扔进海里？这样猴子不就淹死了？"

"咦？"我愣了一下。

上小学二年级的儿子抢着帮我回答："猴子是死了啊！海豚发现猴子骗自己，所以很生气，把猴子扔进海里淹死了。"

"喔……可是海豚是好人啊，为什么……要杀死猴子？"

儿子有些不耐烦地说："我刚刚不是说了，因为猴子骗它，所以海豚生气了。"

"可——是，生气也不可以杀人啊。伤害别人是不对的！！我说的没错吧？妈妈。"女儿问我。

"当然，伤害别人的事情绝对不可以做。妈妈觉得呢……海豚可能不是故意把猴子弄死的。海豚看见快溺水的猴子，为了救它，就把它背在身上。虽然猴子很重，但是海豚因为喜欢猴子，所以愿意忍耐，帮助猴子。没想到，猴子却骗它说自己是人类。海豚被猴子欺骗了，觉得很伤心，所以想回家，让父母安慰自己。海豚的家在大海里。海豚在往海底的家游时，猴子一起被带入水里。猴子是这样不小心被淹死的。"

"喔……"女儿似乎接受了我的解释。

"才不是咧，海豚是故意弄死猴子的。"儿子坚持说。

泪水在女儿的眼眶里打转。她抬起小脸，满是疑惑地望着我："妈妈……"

我看了儿子一眼，提醒儿子，到此为止。

我将女儿抱了起来，轻声地问："所以呢，说谎是一件好事？"

"不是。"

"只要我们觉得对自己有好处，就可以胡乱骗人？"

"不可以。"

"妹妹好棒喔，这么难懂的故事都听明白了。妹妹真是长大了好多呢。"儿子带着"诡异"的眼神朝我笑。

因为不同年纪的孩子对事情的认知程度不同，所以会对同一个故事有不同的解读。我个人觉得，只要将故事的主旨讲明白，对故事的内容稍作变化也无大碍。孩子长大一些，思维方式更成熟了，自然也就懂得了。

第四课：快乐的环境靠自己来创造

《驴子和主人》

驴子的主人以卖草药为生。他每天都只给驴子吃很少的东西，却要求它做很多的工作。于是驴子向神诉苦，请求换一个主人。

神警告驴子："我可以帮你换一个主人，但是不一定会比现在的好。"

驴子说没关系。于是，神将驴子给了一位砖瓦匠。

驴子很快发现，现在做的工作比拉草药还要辛苦。除此之外，还要与一大堆砖瓦为伍，一不小心还会弄伤自己，实在不好受。于是，驴子再次向神请求换一个主人。

神爽快地答应了驴子，但是告诉它，这是最后一次帮它更换主人。

驴子并没有因此而改变想法，仍执意要更换主人，于是被送到了皮革匠的家中。

当驴子了解到第三位主人的职业时，它痛苦地呻吟："我宁可在第一个主人那儿挨饿，或者被第二位主人指使，辛苦地劳动，也不要被卖到这里来。我在死后还要成为主人手中的制作材料，真是悲哀啊！"

对现在的环境感到不满意，并不意味着在另一个地方就能找到幸福！

小故事，大启发

通过这个故事，我想告诉孩子们：不论处于哪种环境，都要以积极、正面的态度去面对，不要只会抱怨周围的人、事、物，而是要想办法让自己去适应。

因为人生不可能总是一帆风顺，也不会一成不变，所以要训练自己去适应变化。不要被环境限制，而是要在环境中成长。

因为先生工作的关系，我们平均每两年就换一个居住地。孩子们随着我们搬来搬去，每次都得重新认识新的朋友、适应新的学校，甚至学习新的语言。如何能让孩子不畏惧新的生活环境，并能迅速适应新的生活环境，是我这些年来所要面对的重要"课题"之一。非常幸运的是，孩子们配合得很好，到目前为止，还未出现无法解决的问题，这也让我很感谢他们。

上小学二年级的儿子听完《驴子与主人》这个故事之后，开口讲的第一句话是："好可怕。"

其实，当故事讲到三分之二的地方时，我就发现儿子的表情看上去似乎有些紧张。他在听到驴子最后被卖给了皮革匠时，似乎就已经知道结局了，连续说了三次："好可怕。"

四岁的女儿却没有什么太大的反应。她一言不语，静静地听着我与儿子的对话。或许是女儿没有听懂吧？

我问儿子："哪里可怕？"

"因为……驴子后来会被杀死。"

我点点头，表示理解他的感受。

儿子叹了一口气，说："驴子是很可怜，但是也很笨。没有那么多抱怨，就不会变成这样了。"

"嗯。"我一边听着儿子的感想，一边为儿子的成长感到高兴。

以前，儿子每换一个环境就会拿之前生活过的地方的人、事、物来做比较。虽说这是人之常情，但是比较只能用作参考，不能拿来当作逃避新环境的借口——我一直这样告诉儿子。比如，每个老师的授课方式、做事方式都不同，所以我告诉喜欢"怀旧"的儿子：一定要仔细听清楚现在的老师的要求，并试着适应现在的班主任老师的个性与做事的方法，而不是抱怨哪个老师比较差。

其实，懂得"察言观色"是结善缘的一个必备条件。这不是说让孩子阿谀奉承，而是教孩子懂得"将心比心"，用体贴、宽容的态度对待身边的每一个人。

现在听到儿子对驴子的行为感到惋惜，我想儿子已经开始知道如何面对新环境、要用什么样的心境和态度与人交往了！

第五课：
敞开心胸接受和自己认知不同的人、事、物

《庄子·逍遥游》

北海里有一条鱼，名字叫作鲲。鲲很大，不知道有几千里长。鲲变化成鸟，名字叫作鹏。鹏的脊背不知道有几千里长。鹏奋起而飞时，它的两翼就像天际的云似的。这只鹏鸟在大海上飞行，它要飞到南海去。南方的大海是天然的。《齐谐》是一部记录怪事的书。这本书上说："鹏鸟飞向南方的大海时，翅膀击打着水面，激起三千里的波浪。它乘风而上，直冲上九万里的高空。它是凭借着六月的大风离开北海的。"山野中的雾气，空气中的尘埃，都是大自然里的生物用气息吹拂的结果。天色深蓝，这是它真正的颜色呢，还是因为天高远看不到尽头呢？鹏鸟从天空往下看，就像人在地面看天空一样。水如果积得不深，它就没有力量让大船浮在上面。在堂上低洼的地方倒一杯水，就只能用芥草作船；如果放上杯子，杯子就会着地，这是因为水浅船大。如果风聚积

得不大，就没有力量托起巨大的翅膀。大鹏鸟要飞到九万里的高空，就需要风托住它的翼，这样大鹏鸟才能乘风飞行。大鹏鸟背负着青天，没有什么力量能阻遏它向南飞。蝉和斑鸠嘲笑它说："我迅速地飞起，碰到榆树、枋树就停落在上边，有时飞不到树那么高，就落在地上，哪用得着飞到九万里的高度再向南飞呢？"去近郊野外的人带上三餐就可以往返，还吃得饱饱的；去百里之外的地方，就需要整夜准备粮食了；去千里之外的地方，则在出发前三个月就要准备粮食。蝉和斑鸠又知道什么呢？

《庄子·逍遥游》原文

北冥有鱼，其名为鲲。鲲之大，不知其几千里也；化而为鸟，其名为鹏。鹏之背，不知其几千里也；怒而飞，其翼若垂天之云。是鸟也，海运则将徙于南冥——南冥者，天池也。《齐谐》者，志怪者也。《谐》之言曰："鹏之徙于南冥也，水击三千里，抟扶摇而上者九万里，去以六月息者也。"野马也，尘埃也，生物之以息相吹也。天之苍苍，其正色邪？其远而无所至极邪？其视下也，亦若是则已矣。且夫水之积也不厚，则其负大舟也无力。覆杯水于坳堂之上，则芥为之舟，置杯焉则胶，水浅而舟大也。风之积也不厚，则其负大翼也无力。故九万里，则风斯在下矣，而后乃今培风；背负青天而莫之夭阏者，而后乃今将图南。蜩与学鸠笑之曰："我决起而飞，抢榆枋而止，时则不至而控于地而已矣，奚以之九万里而南为？"适莽苍者，三餐而反，腹犹果然；适百里者，宿舂粮；适千里者，三月聚粮。之二虫又何知！

小知识

《庄子》记载了中国古代哲学家庄子的思想，全书共三十三篇。《逍遥游》是《庄子》的首篇，故事充满奇特怪诞的想象力，构思新颖，洋溢着浪漫主义的色彩。

小故事，大启发

《庄子·逍遥游》中的故事对年纪小的孩子来说理解起来有一定的难度，所以我只选取了我认为孩子比较容易听懂的部分。

虽然庄子是想通过《逍遥游》表达追求绝对自由的精神境界的思想，但是我想通过这个故事传达给孩子这样两个道理：（1）"一样米养百样人"，不要要求每个人都和自己一样，要尊重、体谅他人，学着和与自己不一样的人相处。（2）要完成一件事，既需要事前细心准备，又需要耐心等待契机。

女儿上幼儿园之后，时常问我："为什么××同学涂了指甲油去上学？为什么××同学带玩具去幼儿园？为什么××同学每次放学都要妈妈抱着回家？我们已经长大了，应该自己背好东西，自己走路，不是吗？"

我明白，四岁的女儿是在试探我，因为她自己也想涂指甲油、带玩具去幼儿园，放学也想让我抱着她回家。于是，我给她讲了《庄子·逍遥游》中的故事，告诉她那些上小班的弟弟妹妹因为年纪小，所以有时不能很好地遵守幼儿园的规定；而她已经是上中班的"大孩子"了，应该懂得遵守规矩了。同时，我还告诉她，要用宽容的心对待与自己想法、做法不同的人，所以希望她这个小姐姐不要和上小班的弟弟妹妹计较。

女儿听了之后，还很天真地问我："所以小鸟（斑鸠）长大之后（鹏）就能够飞很高了吧？"

"咦？"

"因为妈妈刚才说，读小班的同学升上中班后就会和我一样遵守规定。"

原来女儿是用大鸟和小鸟比对三岁的孩子和四岁的孩子。我听明白之后，便和女儿解释："鸠和鹏不是一种动物，所以即使年纪大了，身体的大小也还是不一样。就像兔子和大象一样。"

"喔，好。"

之后，女儿不再在我耳边絮絮叨叨地说自己看不惯的事了。她看到一些"不顺眼"的事情，竟会说："××同学还小，所以没办法。"或者"班上的××同学已经很努力了，但还是不能翻过单杠，好可怜。"

女儿的进步显而易见，而这都是大鸟（鹏）和小鸟（鸠）的功劳。

我也给儿子讲过这个故事，但是强调的重点却是：机会是给有准备的人的。

一只鹏鸟，举风而起，同时还需要很多因素的配合，才能够实现梦想。

在进行学校考试、资格检定、运动竞赛时，可能会出现身心状态不好、发生意外的事情等情况，但是如果用心准备了，就仍可能产生好的结果。

当儿子复习功课感到厌烦时，我就会和他说起《庄子·逍遥游》中的鹏鸟，让他知道：鹏鸟需要经过艰苦的努力，才能展翅高飞，从北海飞往遥远的南海；他只有像鹏鸟那样努力用功，才可能获得好成绩。

在经历过大大小小的比赛、考试后，儿子也明白了用心准备是唯一一个自己可以控制的胜利因素。

兄妹二人的年纪有差异，理解能力和联想能力也有一定的差距。因而我在说同一个故事时，对儿子和女儿讲的重点也不一样。

其实，类似《庄子》这种富含哲理的故事虽然理解起来有些难度，但是可以适用于很多情况。工作忙碌的家长可以选择这样的故事说给孩子听，依照实际情况，从不同的角度来解读故事。

第六课：心美，就什么都美

《苏东坡与佛印和尚的故事》

某日，苏东坡和佛印和尚在林中打坐，日移竹影，一片寂然。

过了许久，佛印和尚先开口对苏东坡说："观君坐姿，酷似佛祖。"

苏东坡心里很高兴。他看见佛印的褐色袈裟逶迤在地，便对佛印说："上人坐姿，活像堆牛粪。"

佛印和尚听了之后，并没有回话，只是微笑。

苏东坡心想总算逮到机会让佛印和尚吃了一记闷亏，不禁暗自得意，并把这件事告诉了苏小妹。

想不到，苏小妹却摇头答说："大哥，你又输了。佛印说看你似佛，是因为他心中有佛；你说佛印像牛粪，你心里有什么呢？"

参禅讲究的是明心见性，心中想什么，便会看到什么。

小知识

佛印和尚是北宋金山寺中的名僧。他三岁能背诵《论语》，五岁能诵诗三千首，所以被称为"神童"。他和宋代大文豪苏轼颇有交情。在苏轼被贬到黄州时，住在庐山的佛印常常和他往来互动。苏轼与佛印两人之间进行文学切磋与心性交流，流传下许多有趣的心灵故事。

小故事，大启发

上面讲的这段故事，大约是在我12岁左右的时候，我的父亲说给我听的。我后来也不只一次在书上或者网络上看过类似的故事内容。这里，我选择用通过自己的记忆拼出来的故事讲给孩子们听。

这个故事我给儿子讲过好几遍。第一次是有一天儿子从学校回来后，一直兴奋地讲鼻屎、大便之类的事，甚至喊妹妹是"鼻屎老太婆"。虽然不是"重量级"的脏话，但是实在不雅，所以我就把这个故事讲给儿子听。

说完之后，女儿立刻大叫："哥哥的心好脏喔，因为他说脏话。"

儿子最初听到这个故事时很害怕，因为我对他说，如果说脏话，不只心会脏，连嘴巴都会变臭，这让有洁癖的儿子赶紧跑去刷牙漱口。

现在儿子偶尔还会使用不雅的文字，这时根本不用我叮咛，他的妹妹便会提醒他，他的心和嘴巴都变得不干净了。

说过几次之后，儿子开始怀疑这个故事的可信度。我便上网找了一些坏人的图片（当然大部分是扮相）给他看，让他明白，要是他常说不好的话，把心弄脏了，面容也会跟着变丑。相反地，如果总是想着美好的事物，怀着感恩的心态，内心就会干干净净的，外表看起来也让人觉得舒服。

还有许多有趣的关于苏东坡和佛印和尚的故事能与孩子分享。这些故事都很简短，却生动有趣，又富有很深的教育意义。不只是孩子，说故事的家长也能从中学到人生的智慧。

将好故事放在孩子的心中

以我自己的经验来说，说故事给孩子听，最好是选择自己和孩子都喜欢的。因为这样比较容易抓到故事的重点，也比较容易将故事的整体感觉用肢体动作与语气变化表现出来，讲给孩子听时也更流畅传神。

在说故事时，文字或者图片只是扮演着道具的角色，家长和孩子才是主角。世界上大大小小的民间传说、寓言、神话、名人传记、真人真事的经验之谈等，甚至是笑话、漫画，只要是适合孩子听，符合教养目标，就都可以成为家长讲给孩子听的故事题材。不是一定要购买昂贵的绘本或者套书才能达到育儿的效果。

教养孩子时最强大的力量就是父爱与母爱。只要家长有心，就一定能找到适用的故事；即使父母口才不好，只要有爱，孩子就一定能听明白父母想告诉他们的道理。如果家长仔细体会，就会发现和孩子分享故事时，自己也能从中领悟到以前没有想过的道理。家长沉浸在故事的氛围里时，听故事的孩子也会自然而然地被影响。

说故事，是一种教学相长的亲子沟通方式。一个好故事，不仅能让家长和孩子读得有趣，更能让父母和孩子从中获得成长的智慧。

时而有笑声，时而有争执；有时欢乐，有时悲伤。这就是生活。父母对孩子的爱就是一种平凡而伟大的爱。

后　记

有爱的故事就能发挥教养效用

文章写到尾声，感触良多。

其实刚开始动笔写这本书时，我的思绪很混乱，不知道该将书的重心摆在哪里——是着重于亲子阅读，还是育儿故事？

经过一番思索，我选择与大家分享自己的经验和朋友们的经历，告诉每个父母如何用说故事的方式取代说教，与孩子沟通。

每写完一个故事，我都觉得自己又重新上了一课，并反思自己和孩子之间的互动。虽然我不是一个完美的妈妈，但是我会不断学习如何做个完美的母亲。有时候我也会喊累叫烦，但是一想到子女的未来，我就打起精神，继续扛起责任，和孩子共同成长。

对我来说，养育孩子的每一个细节都是一个故事。在和孩子互动时，我不断地调整故事的内容，希望自己说给孩子听的故事能越来越好，越来越积极、正面，并带着满满的爱意。

和孩子共同创造的"故事"，是我们母子三人的宝贝，也是母子间独一无二的私语。我希望这些故事能给孩子带来温暖、勇气、智慧和远见；孩子在长大之后遇到挫折或者烦恼时，能够想起这些故事，并从中得到需要的答案和鼓励。

孩子是父母生命中的主角。关于孩子的故事，一辈子也说不够。

故事，能当作教养的工具，并不是因为好听、有趣，而是因为有父母的爱！

现在的我，宁愿慢下来，
和宝贝一起欣赏这个世界的美丽。

爱立方
Love cubic

育儿智慧分享者